VOCABULÁRIO DE DESCARTES

VOCABULÁRIO DE DESCARTES

Frédéric de Buzon
Mestre de conferências na Universidade Paris XII

Denis Kambouchner
Professor da Universidade Paris I

Tradução
CLAUDIA BERLINER

Revisão técnica
HOMERO SANTIAGO

SÃO PAULO 2010

Esta obra foi publicada originalmente em francês com o título
LE VOCABULAIRE DE DESCARTES
por Les Éditions Ellipses
Copyright © Ellipses Éditions-Marketing, França
Copyright © 2010, Editora WMF Martins Fontes Ltda.,
São Paulo, para a presente edição.

1ª edição 2010

Tradução
CLAUDIA BERLINER

Revisão técnica
Homero Santiago
Acompanhamento editorial
Luzia Aparecida dos Santos
Revisões gráficas
Maria Fernanda Alvares
Helena Guimarães Bittencourt
Edição de arte
Katia Harumi Terasaka
Produção gráfica
Geraldo Alves
Paginação
Moacir Katsumi Matsusaki

Dados Internacionais de Catalogação na Publicação (CIP)
(Câmara Brasileira do Livro, SP, Brasil)

Buzon, Frédéric de
 Vocabulário de Descartes / Frédéric de Buzon, Denis Kambouchner ; tradução Claudia Berliner ; revisão técnica Homero Santiago. – São Paulo : Editora WMF Martins Fontes, 2010.
 – (Coleção vocabulário dos filósofos)

 Título original: Le vocabulaire de Descartes.
 ISBN 978-85-7827-316-3

 1. Descartes, René, 1596-1650 – Glossários, vocabulários, etc 2. Descartes, René – Linguagem I. Kambouchner, Denis. II. Título. III. Série.

10-06814   CDD-185

Índices para catálogo sistemático:
1. Vocabulários de Descartes : Filosofia   185

Todos os direitos desta edição reservados à
Editora WMF Martins Fontes Ltda.
Rua Conselheiro Ramalho, 330 01325-000 São Paulo SP Brasil
Tel. (11) 3293.8150 Fax (11) 3101.1042
e-mail: info@wmfmartinsfontes.com.br http://www.wmfmartinsfontes.com.br

Descartes legou a seus "pósteros" uma obra singularmente compacta. Suas publicações se resumem a aproximadamente quatro textos: *Discurso* e *Ensaios do método*, 1637; *Meditationes de Prima Philosophia*, 1641 (*Meditações metafísicas*, 1647); *Principia Philosophiae*, 1644 (*Os princípios da filosofia*, 1647); *As paixões da alma*, 1649. De modo mais ou menos explícito, sem que se possa falar de uma distribuição premeditada, cada um desses livros remete aos anteriores e desemboca nos seguintes. Nem "sistema", nem puro itinerário intelectual, a filosofia cartesiana revela-se, contudo, um dispositivo extremamente concertado, cujas sutilezas devem ser longamente experimentadas.

Pode-se começar a ler Descartes por qualquer entrada – teoria da ciência, metafísica ou moral – e por qualquer período: primeiros esboços (até as *Regras para a orientação do espírito*), obras maiores (até os *Princípios*) ou últimos escritos (a partir de 1645). Todavia, como o próprio Descartes destacou várias vezes, seu pensamento preciso só se revelará na mais atenta e na mais perseverante leitura. Logo, quem quiser se informar seriamente sobre esse pensamento não pode se contentar com ler as passagens mais famosas nem com percorrer o *Discurso* e as primeiras *Meditações*. Cumprirá fazer todo o caminho, da *Primeira meditação* à *Sexta*; interessar-se de perto pelas seis ou sete séries de *Objeções* e *Respostas* publicadas em seguida; considerar os acréscimos dos *Princípios* e os desenvolvimentos da física; examinar o homem descrito em *As paixões* e frequentar correntemente a correspondência, onde abundam esclarecimentos surpreendentes. O tratamento das questões de matemática na *Geometria* ou, de forma mais acessível, nas cartas a Elisabeth também fornecerá ao filósofo ferramentas dignas de nota.

O presente *Vocabulário* empenha-se em apresentar os principais conceitos cartesianos no essencial de sua complexidade. Esses conceitos formam verbetes nos quais se pode designar em termos claros um conjunto de inovações tão determinantes quanto refletidas. Contudo, em nenhum caso nem esses conceitos nem essas inovações são coisas de que uma definição acadêmica poderia dar conta. Pela profundidade de sua elaboração, pela concisão de suas exposições, por seu modo de se manter na crista entre opções filosóficas mais sumárias, o pensamento de Descartes ainda desafia a interpretação, para não falar do resumo. Portanto, longe de pretender ter abordado todas as questões, ficaremos satisfeitos se tivermos dado ideia da potência e da arte exibidas por esse pensamento, sem deixar de designar seus horizontes mais enigmáticos.

ABREVIAÇÕES

I/...VII Obj.	Primeiras/... Sétimas Objeções às Meditações metafísicas (1641)
I/...VII Resp.	Respostas às Primeiras/... Sétimas Objeções (1641-1642)
Aos senhores deão e doutores...	Epístola dedicatória das Meditações metafísicas aos senhores deão e doutores da Sagrada Faculdade de Teologia de Paris
Busca	A busca da verdade pela luz natural (data desconhecida)
Conv. Burm.	Conversa com Burman (1648)
Descr. do corpo h.	Descrição do corpo humano (1648)
Dióptr.	Dióptrica (1637)
Discurso I/VI	Discurso do método (1637), Primeira/... Sexta parte
Ep. a Voet.	Epístola a Voetius (1643)
Exp. geom.	Exposição geométrica das provas da existência de Deus (Apêndice das Respostas às Segundas Objeções, 1641)
Geom.	Geometria (1637)
Med. I, II...	Meditação I, II... (1641; trad. fr. 1647)
Mundo	Tratado do mundo ou da luz (1633)
N. in Progr.	Notae in Programma (Observações sobre o cartaz de Regius, 1648)
O homem	Tratado do homem (1633)
Paixões	As paixões da alma (1649)
Princípios I/IV	Os princípios da filosofia (1644; trad. fr. 1647), primeira/quarta parte

Reg. I, II...   Regras para a orientação do espírito (Regulae ad directionem ingenii, 1628 ?), I, II...

Os textos não divididos por Descartes em artigos, pontos ou seções são citados na edição de referência das *Oeuvres* por Ch. Adam e P. Tannery (nova edição, Vrin-CNRS, 11 vols.). "AT III, 526" lê-se: "ed. Adam-Tannery, tomo III, p. 526". Quanto aos principais textos (*Discurso do método, Meditações, Regulae*...), a paginação AT vem hoje reproduzida à margem de todas as boas edições.

Alma e mente

Lat.: *Anima et mens* – Fr.: *Âme et esprit*

* A mente ou alma racional é, no homem, "uma substância cuja essência ou natureza consiste toda ela apenas em pensar", o que significa (a) que ela nunca deixa de perceber alguma coisa, ainda que em seguida não se lembre, e (b) que ela é una e indivisível, a diversidade dos "modos de pensar" (*modi cogitandi*) não implicando nenhuma divisão na própria alma. Unida ao corpo humano e, na primeira infância, toda ocupada com as coisas que dizem respeito ao corpo, essa alma, enquanto substância, é, contudo, capaz de pensar sem a ajuda do corpo e de subsistir fora de sua união com ele. Deve, portanto, ser considerada imortal.

** A revolução realizada por Descartes em filosofia decorre, em parte, de sua reforma da noção de alma. Na filosofia da Escola, a alma humana define-se, em primeiro lugar, como a "forma substancial do corpo", que o faz cumprir todas as suas funções e realizar todos os seus movimentos. Na mesma tradição, a *alma racional*, essencialmente constituída pelo intelecto (*intellectus*), é somente uma parte (a única parte separável do corpo) dessa alma humana que comporta, ademais, uma parte *vegetativa* e uma parte *sensitiva*. Com Descartes, a alma perde qualquer papel nas funções básicas da vida (ver *Animal*). Além disso, as funções antes relacionadas com a alma sensitiva (sensações, imaginação, paixões, apetites, movimentos voluntários) passam a ficar claramente subordinadas ao entendimento e à vontade, faculdades principais de uma alma racional ou mente, que já não é "uma parte da alma, mas essa alma inteira que pensa" (*V Resp.*[1], II, IV).

*** Na *Segunda meditação*, logo depois do momento do *Cogito*, o sujeito pensante se indaga sobre sua própria natureza e se lembra de ter considerado sua alma uma "coisa extremamente rara e sutil, como um vento, uma chama ou um ar muito rarefeito, que tinha se insinuado e espalhado" através de seu corpo. Essas representações foram emprestadas de teorias antigas, especialmente epicurista e estoica: Descartes as rejeita assim como a de Aristóteles. A partir daí, a palavra *anima*, carregada demais de equívocos (cf. *V Resp.*, II, IV; *a Mersenne*, 21 de abril de 1641, AT III, 362), desaparece do texto latino das *Meditações* em prol da palavra *mens* (mente): "não sou, portanto, precisamente falando, senão uma coisa que pensa, ou seja, uma mente, um entendimento ou uma razão (*mens, sive animus, sive intellectus, sive ratio*)" (*Med. II*, AT IX, 21). Nos textos franceses, o privilégio da palavra *mente* [*esprit*] nem sempre será respeitado: como o *Discurso* (IV, AT VI, 33), a *Sexta meditação* evocará, em francês, "esse eu, ou seja, minha alma, mediante a qual sou o que sou" (AT IX, 62); e a palavra "alma" voltará a ser a mais corrente nos *Princípios*, em *As paixões da alma* e em vários outros textos. De fato, subsiste entre ambos os termos uma diferença de ênfase: o uso da palavra *mente* traz para primeiro plano as funções puramente intelectuais, a palavra *alma*, as do "sentido" (sensação, afetividade) e da vontade.

1. Há uma lista das abreviações nas páginas 7-8.

Animal
Fr.: *Animal*

* A fisiologia cartesiana difere da maioria das anteriores porque nega à alma toda função propriamente vital. O animal em geral, o homem em particular não precisam de nada além do corpo para crescer, se reproduzir, se alimentar ou se deslocar. Por isso é que podem ser considerados *autômatos* ou *máquinas naturais*: as leis da natureza bastarão para entender não só o funcionamento dos organismos vivos, mas também sua formação, e permitem uma assimilação das máquinas naturais com as máquinas artificiais. Na última página do *Tratado do homem*, após a enumeração das funções vitais dos animais, Descartes escreve: "Gostaria que considerassem que, nessa máquina, essas funções resultam muito naturalmente apenas da disposição de seus órgãos, nem mais nem menos que os movimentos de um relógio ou outro autômato resultam de seus contrapesos e de suas engrenagens" (AT XI, 202; ver também *Descr. do corpo h.*, AT XI, 226).

** O estudo dos animais foi um dos principais objetos da atividade científica de Descartes. Deve bastante ao legado dos anatomistas do século anterior, à prática da dissecação e à descoberta recente da circulação do sangue por W. Harvey (*De motu cordis*, 1628). À diferença de Harvey, Descartes não concebe o coração como uma bomba: é o calor, o "fogo sem luz" que ali é alimentado que explica o próprio movimento do sangue. Esse fogo tem exatamente as mesmas propriedades físicas encontradas na matéria inerte. A digestão é agitação e filtração das "pequenas partes" dos alimentos. A respiração é um esfriamento do sangue pelo ar, que o torna mais propício a um novo aquecimento. Os diversos órgãos internos agem sobre o "temperamento" do sangue e, assim, sobre o funcionamento do coração, logo sobre a formação e o movimento dos *espíritos animais*, "partes mais sutis do sangue" que circulam sem parar no cérebro e nos "pequenos canos" dos nervos. São os "pequenos filetes" dos nervos que garantem o transporte das impressões dos sentidos até o cérebro: de acordo com essas diversas impressões, os espíritos animais vão do cérebro para os nervos dos músculos para ali provocar diversos movimentos. Logo, o animal sempre age ao mesmo tempo segundo sua disposição interna e segundo as impressões que são comunicadas a seu cérebro. Depois de ter exposto, em *O homem*, o essencial de sua fisiologia, Descartes preocupou-se em construir uma embriologia que deveria destacar sobretudo a primazia do coração no funcionamento do animal. Esses trabalhos não deram lugar a nenhum tratado acabado.

*** Alguns filósofos da corrente cética do Renascimento (segundo Descartes: Montaigne e Charron) viam, entre os homens e os animais, somente diferenças individuais e, portanto, entre o homem e o animal menos uma diferença de natureza do que uma diferença de grau (*a Newcastle*, 23 de novembro de 1646, AT IV, 546). Descartes afirma, ao contrário, uma diferença essencial, ligada à presença ou à ausência de pensamento (*a Plempius para Fromondus*, 5 de outubro de 1637; *IV Resp.*, AT IX, 229), marcada, em particular, pelo fato de que os animais não dispõem de uma linguagem apropriada para exprimir ideias. Contudo, modificará um pouco essa afirmação indicando (*a Morus*, 5 de fevereiro de 1649) que não se pode realmente demonstrar que não há pensamento nos animais.

Bom senso Ver *Razão, Sabedoria*
Lat.: *Bona mens* – Fr.: *Bon sens*

Causas e efeitos
Fr.: *Causes et effets*

* "A luz natural nos dita que não há nenhuma coisa sobre a qual não seja lícito perguntar por que ela existe ou da qual não se possa buscar a causa eficiente, ou então, caso não tenha nenhuma, perguntar por que ela não a necessita" (*I Resp.*, AT IX, 86). Essa disjunção opõe Deus como *primeira causa* às criaturas que são seus efeitos e orienta a análise da causalidade em Descartes numa dupla direção: a procura de causas eficientes ou de razões dos efeitos na natureza como objeto da física, e a concepção de Deus como *causa de si* (mas não como *efeito de si*).

** Na herança escolástica oriunda da concepção aristotélica, Descartes encontra a quadripartição clássica da noção de causa. Para os comentadores da *Física* de Aristóteles, o conhecimento completo de uma coisa é obtido quando se determinam duas de suas causas internas, a *forma* e a *matéria*, e duas de suas causas externas, o *agente* e o *fim*. Há portanto um mesmo número de causas, chamadas respectivamente causa formal, causa material, causa eficiente e causa final. Para Descartes, a causalidade se resume essencialmente à causa eficiente, mas numa concepção fortemente reconsiderada em que a causa é contemporânea de seus efeitos.

a/ A causa *material* já é, no contexto aristotélico, pura passividade. Descartes nota que o próprio Aristóteles a omite numa enumeração das causas (*Segundos analíticos*, II, 11, citado em *IV Resp.*, AT IX, 187). Na verdade, a matéria nunca é, como tal, uma causa.

b/ A causa *final*, entendida como fim do criador, é rejeitada por Descartes – a exemplo de vários cientistas e filósofos de sua época – como princípio explicativo em ciência, em nome da impenetrabilidade de todos os fins de Deus, consequência da imensidade e da incompreensibilidade de sua potência (*Med. IV*, AT IX, 44). A consideração das causas finais, que talvez conserve algum sentido em moral (cf. *V Resp.*, IV, I; *Princípios* III, 3), jamais intervém nem na física geral nem em particular na explicação da natureza e da gênese do vivo.

c/ Descartes só emprega a noção de causa formal na discussão da designação de Deus como *causa sui*, causa de si (*IV Resp.*, AT VII, 236-243, e *a* ***, AT V, 546). Essa causa é identificada aí à essência inteira da coisa. É, no entanto, concebida em analogia com a causa eficiente: "[...] àquele que pergunta por que Deus existe, não se deve, na verdade, responder pela causa eficiente propriamente dita, mas simplesmente pela própria essência da coisa, ou então pela causa formal, a qual, pelo próprio fato de que em Deus a existência não se distingue da essência, tem uma relação muito grande com a causa eficiente e, portanto, pode ser chamada quase causa eficiente" (AT VII, 243).

d/ A causa eficiente constitui, pois, o regime geral da causalidade. Pode-se distinguir entre uma primeira causa (Deus entendido como criador de que todos os seres, possíveis e reais, bem como as verdades, dependem continuamente) e causas segundas. A universalização da relação causal é particularmente bem descrita nos cinco primeiros axiomas da Exposição geométrica das *Segundas respostas* (AT IX, 128), que define especialmente como princípio que "toda realidade ou perfeição que existe em uma coisa encontra-se formal ou eminentemente na sua causa". Essa causalidade eficiente se distribui segundo as três "noções primitivas" distinguidas na carta a Elisabeth de 21 de junho de 1643.

Em relação apenas aos corpos, as causas segundas são as leis da natureza (*Princípios* II, 37) que regem a conservação dos movimentos e das figuras dos corpos. Os fenômenos, tanto astronômicos como terrestres, são os efeitos dessas leis (*Princípios* II,

64 etc.). No interior dessa legalidade natural, os fenômenos mantêm entre si relações causais: um movimento pode ser a causa de outro movimento.

No que concerne à união entre corpo e alma, cumpre evocar "a força que a alma tem de mover o corpo e o corpo de agir sobre a alma, causando seus sentimentos e suas paixões" (*a Elisabeth*, 21 de maio de 1643), tipo de causalidade que não deve ser confundido com o precedente.

No que, por fim, concerne apenas à alma e a suas ideias, Descartes faz distinção (a respeito da ideia de Deus) entre uma causa próxima e principal (o próprio Deus, que cria a alma com suas ideias) e causas acidentais, como os sons da linguagem ou as impressões sensíveis (cf. *N. in Progr.*, AT VIII-B, 358-359). Nesse sentido, as sensações causadas pelos corpos nunca são, como tais, causas do conhecimento.

*** A concepção cartesiana da causalidade trouxe grandes dificuldades para os filósofos posteriores do século XVII, em particular quanto à união entre alma e corpo. As grandes metafísicas pós-cartesianas são proposições para superar o caráter incompreensível do regime causal em operação na união entre corpo e alma, recusando que algo de real possa passar diretamente da alma para o corpo ou vice-versa: ocasionalismo (Malebranche), paralelismo dos atributos (Espinosa), harmonia preestabelecida (Leibniz).

Certeza e evidência
Fr.: *Certitude et évidence*

* A certeza e a evidência caracterizam a ciência na medida em que ela se opõe a simples conjeturas (*Regra II*). Essas propriedades, até então próprias das demonstrações matemáticas, devem valer para todo conhecimento que aspire à verdade. É o caso, notadamente, do *Cogito* e do conjunto das verdades concluídas nas *Meditações* (*Med.*, Prefácio).

** Descartes nunca define os termos "certeza" e "evidência", notando até (*Princípios* I, 9) que a certeza é uma daquelas noções conhecidas por si mesmas que qualquer definição lógica tende a obscurecer. Tradicionalmente, a *certeza* indica a posse, por parte da mente, de uma verdade que exclui toda dúvida, sejam quais forem sua natureza e a maneira de obtê-la. Tange, portanto, às verdades científicas, mas também a todas as verdades reveladas, inclusive os mistérios, ao passo que a *evidência* só se obtém pela razão natural. Descartes retoma essa distinção e a desenvolve. A evidência é a propriedade dos conhecimentos claros e distintos obtidos por um ato de intuição ou de dedução simples. Indispensável nas ciências, sobretudo matemática e metafísica, não deve em nenhum caso ser confundida com uma opinião ou uma aparência: ela é experiência da impossibilidade de que a coisa seja diferente de como é conhecida. Por isso, tudo o que é evidente é certo; em contrapartida, nem tudo o que é certo é evidente: as conclusões de deduções longas e complexas são certas sem ser evidentes, na medida em que tudo o que foi necessário para concluí-las não pode estar presente na mente em um mesmo momento (*Regra III*). Isso não impede Descartes de falar em "demonstrações evidentes", que assim são em cada uma de suas etapas.

*** No interior do conhecimento natural, Descartes distingue da certeza oriunda da evidência uma outra certeza menos exigente, opondo a certeza *moral* e a certeza *mais que moral*, ou certeza *metafísica*. A certeza moral concerne a certas verdades de fato: por exemplo, quando, sobre um fato muito notório, dá-se fé a testemunhos concordantes que, numa hipótese extrema, poderiam ser enganosos. Em geral, esse conhecimento basta para as necessidades da vida. No mesmo sentido, pode--se supor ter adivinhado o sentido de uma mensagem cifrada suficientemente longa se, segundo uma substituição regular, chega-se a palavras dotadas de significado. Esse é o tipo de certeza de uma parte da física, em particular da física da terra (fogo, ímã etc.), quando ela explica detalhadamente inúmeros fenômenos com a ajuda de um número muito pequeno de hipóteses (*Princípios* IV, art. 205). A certeza *mais que moral* aplica--se, no que concerne à física, a "tudo o que é demonstrado na matemática", à existência dos corpos e a todos os raciocínios evidentes relativos a esses corpos. Todavia, as razões que temos para considerar certas tanto as verdades da matemática e da metafísica como as da fé (objeto de uma certeza moral: *a Mersenne*, 21 de abril de 1641, AT III, 359) estão elas mesmas fundamentadas na evidência de um Deus soberanamente bom (logo, não enganador) e "fonte de toda verdade" (*VI Resp.*, AT IX, 230; *Princípios* IV, 206).

Ciência

Fr.: *Science*

* Ter a ciência de uma coisa é ter dela um verdadeiro conhecimento, "conhecimento certo e evidente" (*Regra* II, AT X, 362), incluindo necessariamente o conhecimento do caminho intelectual por meio do qual essa coisa foi concluída ou encontrada. Portanto, não há ciência sem método. De fato, possuir uma ciência (genericamente definida) é saber se orientar num certo campo de questões e saber quais questões devem ser resolvidas, e de que maneira, para que tal outra o seja: "entendo por Ciência a habilidade de resolver todas as questões e descobrir por sua própria indústria tudo o que a mente humana pode encontrar nessa ciência" (*a Hogelande*, 8 de fevereiro de 1640, AT III, 722-723). Na medida em que é fundamentalmente idêntica em todas as ciências, essa habilidade garante em última instância a unidade dessas ciências, que "nada mais são que a humana sabedoria", e "estão todas unidas entre si por um laço de dependência recíproca" (*Reg. I*).

** A simples definição da ciência como conhecimento certo, evidente e metódico elimina alguns modos de aquisição do saber, como a conjetura pessoal ou o exame da opinião alheia (ainda que amplamente aprovada). A conjetura ou a opinião não são rejeitadas simplesmente devido à sua eventual falsidade, mas sobretudo porque, como tais, ainda que se mostrem verdadeiras, não permitem aprender a formar juízos certos. A *ciência* é algo bem diferente da *disputa*, mas também de um saber *histórico*: "jamais, por exemplo, nos tornaremos matemáticos, mesmo conhecendo de cor todas as demonstrações dos outros, se nossa mente não for ao mesmo tempo capaz de resolver qualquer problema; e jamais nos tornaremos filósofos se lermos todos os raciocínios de Platão e Aristóteles mas formos incapazes de tecer um juízo certo sobre os temas que nos são propostos" (*Regra III*, AT X, 367; cf. também *a Hogelande, loc. cit.*).

*** De acordo com uma distinção tradicional, há ciência das *conclusões* de um procedimento discursivo, mais que dos *princípios* de que ele parte. Por não ser de todo intuitiva é que a ciência fica exposta à dúvida hiperbólica, enquanto a natureza de nosso conhecimento e a de Deus não forem exatamente estabelecidas. Assim, um geômetra ateu não pode ter uma "verdadeira e certa ciência" nem mesmo dos mais elementares teoremas (*II Resp.*, pt 3, AT IX, 110 ss.). A "verdadeira e certa ciência" é aquela que se garantiu contra qualquer dúvida possível e, a esse título, ela implica um primeiro momento metafísico.

Círculo Ver Deus (provas de -)
Fr.: *Cercle*

Clareza e distinção
Fr.: *Clarté et distinction*

* A clareza e a distinção são as marcas do verdadeiro. Segundo os *Princípios*, uma percepção é clara e fornece matéria para um juízo indubitável quando é "presente e manifesta para uma mente atenta"; ela é distinta quando é "tão precisa e diferente de todas as outras que não compreende em si absolutamente nada senão o que é claro" (I, 45). Assim, uma percepção pode ser clara sem ser distinta, mas não pode ser distinta sem ser clara (I, 46).

** O vocabulário da clareza e da distinção aparece vinculado, nas *Regulae*, ao conceito da intuição intelectual (*intuitus mentis*), "representação da mente pura e atenta", "que nasce apenas da luz da razão", e "tão fácil e tão distinta que já não subsiste nenhuma dúvida sobre o que dela se entende" (*Reg. III*, AT X, 368). Aqui, a referência à visão é constante e constituinte. "Aquele que quer ver numa só olhada vários objetos ao mesmo tempo não vê nenhum distintamente; e, igualmente, aquele que tem por hábito prestar atenção a várias coisas simultaneamente é uma mente confusa"; em contrapartida, como os artesãos minuciosos, que se deve tomar como modelo, "aqueles que jamais dispersam seu pensamento sobre diversos objetos ao mesmo tempo e sempre o concentram por inteiro na consideração das coisas mais simples e mais fáceis adquirem a perspicácia" (*Reg. IX*, AT X, 401). Nos textos posteriores, clareza e distinção permanecerão essencialmente vinculadas a certas *percepções* do entendimento, mas por certo também serão atribuídas às *ideias* ou noções com as quais a mente se relaciona em suas percepções. Assim é que serão distinguidas, em especial, as "ideias claras e distintas que temos das coisas corporais" das ideias *obscuras e confusas* do calor, da cor etc. (*Med. III*, AT IX, 34-35).

*** A definição dos *Princípios* (a única que Descartes propôs e que é secundária com relação aos exemplos) continua sendo de penosa interpretação: nela, a distinção aparece como um grau superior de clareza, e o único exemplo dado de uma percepção clara, que pode ser tornada distinta, é o da dor (I, 46). Na verdade, clareza e distinção jamais são dissociadas: são duas dimensões de uma mesma perfeição da percepção ou representação. Por outro lado, não se trata de recusar às ideias ou às percepções dos sentidos *um certo gênero* de vivacidade e de distinção (cf. *Med. VI*, AT IX, 60). As das cores, dos sabores, da dor etc. são obscuras numa reflexão que as toma como objetos e as "considera em si mesmas"; e costuma haver confusão nos juízos a que elas se prestam. Funcionalmente, porém, elas muitas vezes são bem claras e bem distintas umas das outras. Trata-se, pois, de encontrar nas percepções puramente intelectuais o equivalente dessa nitidez. O *Cogito*, em que "se encontra somente uma clara e distinta percepção do que eu conheço", será o exemplo privilegiado (*Med. III*, AT IX, 27; cf. *Discurso IV*, AT VI, 33; *a Silhon*, março ou abril de 1648, AT V, 138, etc.).

Cogito ("Penso")
Fr.: "Je pense"

* Salvo usos filosóficos específicos, a expressão "o Cogito", que é moderna e não cartesiana, designa a proposição cartesiana: *Cogito, ergo sum* ("penso, logo sou"). Ausente da *Segunda meditação*, da qual ela resume um certo movimento ["… esta proposição: *Sou, existo* (*ego sum, ego existo*), é necessariamente verdadeira todas as vezes que a pronuncio ou que a concebo em minha mente": AT IX, 19], a proposição aparece, em latim ou em francês, exprimindo o primeiro princípio da "verdadeira filosofia". Primeira certeza acessível nas condições da dúvida hiperbólica, a existência da coisa que pensa, no momento em que pensa, é também e por esse motivo o modelo de todas as evidências e o fundamento a partir do qual deverão ser concebidas todas as principais verdades da metafísica. Por seu caráter surpreendente e por sua posição capital, o "penso, logo sou" tornou-se uma espécie de emblema de toda a filosofia cartesiana.

** A função eminente da proposição *cogito, ergo sum* contrasta com a pobreza de seu conteúdo. Descartes não dissimulou de forma nenhuma esse contraste. Ocasionalmente, evoca "aquela banalidade", "o velho ditado": "penso, sou" (*VII Resp.*, AT VII, 551). E, quando notam que, bem antes dele, santo Agostinho já ressaltara a indubitável existência daquele que duvida (cf. *De Trinitate* X, X; *Cidade de Deus* XI, 26), ele responde (*a Colvius*, 14 de novembro de 1640, AT III, 247): "inferir que se é porque se duvida é uma coisa em si tão simples e tão natural que poderia ter aparecido sob a pena de qualquer um". Contudo, além de a fórmula exata não ser encontrada em nenhum autor antes de Descartes, o importante está na função atribuída a essa verdade: santo Agostinho servia-se dela "para provar a certeza de nosso ser e, em seguida, para mostrar que há em nós uma imagem da Trindade no fato de que somos, sabemos o que somos e amamos esse ser e essa ciência que existe em nós; eu, por minha vez, sirvo-me dela para que saibam que esse *eu* que pensa é uma *substância imaterial* e que nada tem de corporal" [*ibid.*; cf. também *a Mersenne*, 8-12 de junho (AT, 25 de maio) 1637, AT I, 376]. Logo, o pensamento mediante o qual reconheço que, no momento em que penso, necessariamente existo (ou *sou alguma coisa*) só adquire seu pleno sentido ao dar lugar ao segundo pensamento de que, no momento em que penso, sou sem nenhuma dúvida uma *coisa que pensa* e, *sem nenhuma dúvida possível*, sou apenas isso ("logo, sou somente, precisamente falando, uma coisa que pensa, ou seja, uma mente, um entendimento ou uma razão, que são termos cujo significado antes me era desconhecido": *Med. II*, AT VII, 27; IX, 21). Tanto no *Discurso* (AT VI, 33) como nos *Princípios* (I, 8), a "distinção real" entre a alma racional ou mente e o corpo do homem é, de fato, apresentada como tendo sido adquirida imediatamente depois do *Cogito*. É precisamente essa conclusão, retardada nas *Meditações* até a Sexta (cf. AT IX, 62), que será vigorosamente contestada por vários objetores e críticos de Descartes: cf. sobretudo *II Obj.*, pt 1; *III Obj.*, 2; *IV Obj.*, AT IX, 155 ss.; *V Obj.*, II, II; *VII Obj.*, AT VII, 531.

*** Muito se indagou sobre o que confere ao *Cogito* sua singular e completa certeza – certeza capaz de fazer dele um "ponto fixo" no qual arrimar todas as outras verdades da "filosofia primeira". Os problemas levantados concerniam notadamente (a) à questão de saber se o procedimento do *Cogito* é intuitivo ou discursivo; (b) na medida em que o *Cogito* constitui ou implica um raciocínio ou uma dedução, à natureza dessa dedução; (c) ao papel preciso da premissa ("penso") na certeza da conclusão ("sou"); (d) à escolha da primeira pessoa, e à legitimidade filosófica da proposição "penso", em detrimento de qualquer formulação mais impessoal. O próprio Descartes respondeu, explícita ou previamente, a algumas dessas dificuldades. Embora o *Cogito* implique uma dedução ou inferência do "penso" para o "existo", a própria conclusão é percebida "por uma simples inspeção da mente" (*II Resp.*, AT IX, 110). Essa dedução, intuitiva por certo (cf. *a Silhon*, março ou abril de 1648, AT V, 138), afasta o *Cogito* de um raciocínio de tipo silogístico (*II Resp.*, *loc. cit.*). Claro, para passar da certeza do "penso" para a do "sou", cumpre considerar que, "para pensar, é preciso ser", condição que Descartes expõe regularmente (cf. *Princípios* I, art. 10 e 49) como um desses "axiomas" ou "noções comuns" sobre cuja evidência repousam, diziam as *Regulae* (XII, AT X, 419), "todos os conhecimentos que alcançamos pelo raciocínio". Precisamente, porém, o fato de o que pensa não poder deixar de ser é o que cada qual pode e deve *sentir*, ou melhor, *experimentar em si mesmo* (*apud se experiri*) ao mesmo tempo que percebe que pensa (*II Resp.*, AT IX, 111). Portanto, na dedução em questão, não há espaço para uma premissa universal do tipo: "tudo o que pensa é ou existe", que seria conhecida em primeiro lugar e a partir da qual cada um desceria para o conhecimento da própria existência (*ibid.*). Quanto à premissa: "penso" (ora especificada em um "duvido", ora em um "penso ser"), ela se impunha como a única dotada de uma certeza ou de uma verificabilidade absoluta, que de forma nenhuma teria pertencido a um "eu passeio" (*V Resp.*, II, II; *Princípios* I, art. 9) ou a um "eu respiro" (cf. *a Reneri para Pollot*, abril ou maio de 1638, pt 3). Esta última condição marca bem a singularidade da relação entre a premissa e a conclusão — singularidade que se prestou, por parte dos lógicos modernos, a diversas tentativas de redução (notadamente por meio de um modelo "performativo" que faz do "penso" ou do "sou" objeto de um "ato de linguagem") —, mas parece decididamente desafiar a formalização. Na medida em que, aí, a mente apreende quase simultaneamente a efetividade de seu pensamento, a efetividade de sua existência e a necessidade do vínculo entre uma e outra, parece impossível explicitar o *Cogito* numa série de proposições ou de atos de pensamento linearmente encadeados. Enfim, a crítica do "penso" como formulação demasiado pessoal, que implica a soberania do sujeito com relação a seus próprios pensamentos, parece decorrer de uma sobreinterpretação gratuita: o *ego* não pressupõe nada de si mesmo nesse caso; ele não é *o que produz* o pensamento que ele atribui a si, mas *aquilo a que um certo pensamento é dado*.

Corpo
Fr.: *Corps*

* O corpo, ou substância corporal (ou material), é concebido por Descartes com a ajuda apenas da noção primitiva de *extensão*. Ele se confunde com o espaço, o que exclui qualquer vazio e até qualquer diferença de grau na ocupação do espaço.

** Entre os preconceitos mais combatidos por Descartes figura aquele segundo o qual a natureza corporal se equipararia a uma qualidade sensível particular, como o peso, a dureza ou a cor (*Princípios* II, art. 4), ou mesmo o fato de ser sensível em geral (*a Morus*, 5 de fevereiro e 15 de abril de 1649). A extensão explica de modo suficiente "toda a essência dos corpos", que poderiam existir mesmo que não houvesse homens para senti-los, ao passo que as propriedades sensíveis, sejam elas relativas ao tato, à visão ou a qualquer outro sentido, têm existência exclusivamente para o homem. O corpo, rigorosamente falando, talvez se distinga por suas qualidades sensíveis, mas nunca é *conhecido* por elas (*Med. II*, AT IX, 21 ss.): as qualidades e as diferenças sensíveis é que são explicadas a partir dos dois modos da extensão, a figura e o movimento. Assim, "segundo meus princípios, todas as qualidades sensíveis consistem em que as partículas do corpo se movem de certas maneiras ou estão em repouso" (*a Morus*, 5 de fevereiro de 1649). Por exemplo, o calor, a cor ou a fluidez são movimentos particulares das partes que compõem o corpo e não qualidades inanalisáveis. As propriedades ligadas ao movimento e à divisão das partes permitem conceber três elementos, que substituem aqueles da antiga física, em número de quatro (fogo, ar, água, terra). Por ordem de mobilidade relativa decrescente dos corpúsculos que os compõem, são o fogo, o ar e a terra, ou, expresso de outra forma, o luminoso, o transparente e o opaco (*Princípios* III, art. 52; cf. *Luz*).

*** A unidade física do corpo, assim como a coesão dos corpos sólidos, explica-se pelo transporte simultâneo de uma parte de matéria (*Princípios* II, art. 25 e 54-55), portanto, de forma puramente mecânica, sem a intervenção dos fatores não materiais de unidade que as *formas substanciais* da antiga física constituíam, e sem o concurso de um outro "cimento" além do repouso relativo das partes. O corpo humano não escapa a essa regra, senão segundo as modalidades de sua apreensão (no caso do corpo próprio): "Tampouco era sem certa razão que eu acreditava que esse corpo (que, por um certo direito particular, eu chamava meu) me pertencia mais própria e mais estritamente que um outro. Pois, com efeito, nunca podia ser separado dele como dos outros corpos; sentia nele e por ele todos meus apetites e todas minhas afecções; e, enfim, eu era afetado em suas partes por sentimentos de prazer e de dor e não nas partes dos outros corpos dele separadas" (*Med. VI*, AT IX, 60). É certo, porém, que a alma unida ao corpo não está unida a um certo número de partes da matéria: está unida a uma *reunião de órgãos* (*Paixões*, art. 30) que, de certa maneira, trabalha para a sua própria conservação.

Deus (natureza de -) Ver Infinito
Fr.: *Dieu (nature de -)*

Deus (provas de -)
Fr.: *Dieu (preuves de -)*

* A demonstração "muito certa e muito evidente" da existência de Deus pela razão natural é, junto com aquela da distinção real entre alma e corpo, um dos dois principais objetos das *Meditações metafísicas* de Descartes e, sem dúvida, aquele que mais orgulho lhe proporcionou (cf. *Aos senhores deão e doutores...* e as cartas de 1640). Descartes propôs, a esse respeito, não uma prova ou demonstração única, mas duas ou três. Uma, dita *a priori* (e, a partir de Kant, "prova ontológica"), inspira-se em um argumento de santo Anselmo (*Proslogion*, 1077), para afirmar que Deus, concebido tal como deve sê-lo, ou seja, como um ser soberanamente perfeito, tem de existir (a inexistência sendo assimilável a um certo defeito ou privação). As duas outras provas (sendo a segunda uma variante da primeira) são ditas *a posteriori* ou "pelos efeitos": a ideia de um ser infinito (Deus), que está em minha mente, exige uma causa que deve ser ela própria infinita; do mesmo modo, eu, que possuo essa ideia, devo necessariamente ter sido criado por um ser infinito (aquele que concebo por essa ideia).

** À diferença das provas tradicionais (as "cinco vias" de Tomás de Aquino), as provas cartesianas, construídas nas condições da dúvida hiperbólica, não dão nenhum lugar para a realidade do mundo criado. Apresentadas em diferente ordem conforme os textos, articulam-se exclusivamente com a presença na mente de uma *ideia* de Deus, cujo caráter sumamente claro e distinto é sublinhado por Descartes. Tanto nas *Meditações* (III e V) como no *Discurso* (IV), as duas provas "pelos efeitos" são apresentadas antes da prova *a priori*. Tanto nos *Princípios* (I, art. 14 a 21) como no Apêndice das *Segundas respostas (Razões que provam a existência de Deus e a distinção que existe entre a mente e o corpo humano, dispostas de forma geométrica)*, essa ordem se inverte. Pode-se indagar sobre os motivos e a possibilidade dessa inversão, mas foi sem dúvida nenhuma a prova pelos efeitos (com suas duas versões) que Descartes considerou sua criação mais decisiva. A prova *a priori*, que tira a existência de Deus de seu próprio conceito, pode facilmente ser tida como um sofisma, tão acostumados que estamos a distinguir a essência da existência para todas as outras coisas. De fato, na *Quinta meditação*, a exposição do argumento não se distingue de sua defesa contra toda uma série de objeções; e, depois de ter exposto essa prova de forma silogística (como nas *Primeiras respostas*, AT IX, 91-92), o Apêndice das *Segundas respostas* esclarece: "sua conclusão pode ser conhecida sem prova *(per se nota)* por aqueles que estiverem livres de todo preconceito [...]; mas, por não ser fácil atingir tamanha clareza mental, procuraremos provar a mesma coisa (*i.e.*: a existência de Deus) por outras vias *(aliis modos)*" (sobre o mesmo tema, cf. também *Princípios* I, 16).

Essas "outras vias" implicam particularmente, (a) o reconhecimento de um princípio de causalidade segundo o qual "deve haver ao menos tanta realidade na causa quanto no efeito"; (b) a construção de uma teoria das ideias que distinga da "realidade formal" delas (como "obras da mente") uma "realidade objetiva", que é função do grau de ser da coisa que elas representam; e (c) a definição de Deus como ser infinito. Ao estenderem o princípio de causalidade às próprias ideias e não só à sua "realidade formal" mas também à sua "realidade objetiva", conseguem concluir que, sem a ação de um ser realmente infinito, eu não teria de Deus a ideia que dele tenho. A demonstração é aí "um pouco longa", mas também mais progressiva e mais conforme à "via analítica" das *Meditações*: enquanto a *Quinta meditação* aceita como dada uma ideia de Deus que ela compara com a dos objetos geométricos, a *Terceira* começa tratando das ideias em geral, discute a origem e a realidade delas para, em seguida, se concentrar na ideia de Deus.

*** A eficácia das provas cartesianas não foi a que Descartes esperava. E foi a prova *a priori*, bem mais que a prova "pelos efeitos", que concentrou a atenção de seus sucessores (particularmente Espinosa, Leibniz e Kant). Por que essa falta de fortuna da prova "pelos efeitos"? Uma primeira resposta é que ela se expõe, bem mais que a prova *a priori*, à objeção dita do "círculo" (cf. *IV Resp.*, AT VII, 166): que vale uma prova de Deus obtida a partir de nossas percepções claras e distintas, se é preciso um Deus muito poderoso e muito bom para garantir para essas percepções seu objeto? A objeção, contudo, não é intransponível: todas as dúvidas do mundo jamais reduzirão a força da evidência *presente*; portanto, para estarmos certos de não nos enganar, bastará podermos "abraçar a demonstração da existência de Deus na sua totalidade" (*Conv. Burm.*, AT V, 148--149), de um modo quase intuitivo. Todavia, essa possibilidade não é tão evidente para a prova "pelos efeitos" quanto para a prova *a priori*. E sobretudo (segunda resposta) as próprias propriedades que a *Terceira meditação* atribui à ideia de Deus (inata, simples e indivisível, em nada emprestada da ideia das outras coisas e superior em "realidade objetiva") estavam muito longe de serem indiscutíveis.

Distinções
Fr.: *Distinctions*

* A teoria das distinções é um elemento essencial da metafísica escolástica: trata-se de saber como duas coisas, noções ou termos podem diferir entre si. Descartes herda o léxico escolástico, mas lhe dá um novo significado, reconhecendo três tipos de distinções (*Princípios* I, 60 a 62): a *distinção real* (*realis*) entre duas substâncias; (2) a distinção modal (*modalis*) entre uma substância e um de *seus modos* ou entre dois modos da mesma substância; (3) a distinção de razão (*rationis*), ou distinção "feita mediante o pensamento" e que incide sobre propriedades inseparáveis. Esta última também é chamada distinção *formal*.

** Para a Escola (por exemplo, Suárez, *Disputas metafísicas*,VII), há, em ordem decrescente de importância, a distinção real, a distinção tirada da natureza da coisa (*a natura rei*) e a distinção de razão. A primeira opõe existentes como tais (por exemplo, Pedro e Paulo, uma pedra e outra). A segunda exige explicitamente uma operação intelectual que incida sobre o conhecimento da natureza ou essência das coisas a distinguir (por exemplo, a natureza do homem e a do cavalo, ou a natureza de Pedro e a de Paulo). Essa distinção pode ser essencial, modal ou ainda potencial: potencial é aquela que é análoga à das partes da água. Enfim, a distinção de razão é inventada pela mente para suprir suas necessidades. Pode, então, ter um fundamento nas coisas (distinção dita de razão raciocinada, por exemplo, entre a virtude sicativa e a virtude calefaciente da luz) ou não (trata-se então da distinção de razão raciocinante, por exemplo uma mesma palavra considerada segundo suas diferentes funções gramaticais). A "distinção real" cartesiana toma emprestados os métodos da distinção formal *a natura rei*, já que se baseia na capacidade de conceber uma coisa sem uma outra (por exemplo, a alma sem o corpo ou sem um modo do corpo como a figura ou o movimento), sem por isso reduzir os elementos distinguidos ao estado de abstrações intelectuais ou de substâncias incompletas; permite, portanto, distinguir *seres completos*, que o são porque se pode pensar neles sem pensar em nenhum atributo dos outros. É o que se vê nas *Meditações* no tocante à alma e ao corpo, mas também a dois corpos diferentes. Em contraposição, os outros tipos de distinções definem seres que não podem subsistir sozinhos (por exemplo, se podemos pensar distintamente numa figura, ela não pode existir sem uma substância extensa) e que, nesse sentido, tornam-se incompletos por uma abstração intelectual.

*** A *distinção real* entre a alma e o corpo importa aos olhos de Descartes mais que os outros gêneros de distinções, cuja diferenciação por vezes não é bem marcada, o que exige, depois das *Primeiras respostas*, um esforço de clarificação. Há dois casos possíveis, que opõem "os modos propriamente ditos e os atributos sem os quais as coisas de que eles são atributos não podem ser, ou seja, [...] os modos das próprias coisas e os modos de pensar (*modi cogitandi*)" (*a* ***, AT IV, 348-349). Os primeiros, como a figura e o movimento com relação ao corpo e a afirmação ou o amor com relação à alma são concebidos por *distinção modal*, ao passo que os segundos, concebidos como atributos inseparáveis, isto é, como o são a existência e a duração (e, em geral, os universais) com relação à substância, são apenas maneiras de pensar e não modos das coisas. Dependem, então, de uma distinção menor que a modal, nomeada distinção formal e, definitivamente, *distinção de razão* (AT IV, 349; *Princípios* I, 62).

Dúvida
Fr.: *Doute*

* Procedimento oriundo do ceticismo antigo, a dúvida é utilizada por Descartes nos textos metafísicos para estabelecer, precisamente de encontro às doutrinas céticas antigas e modernas, as verdades que a ela resistem. Essa dúvida (1) considera provisoriamente como absolutamente falsas as opiniões que são apenas verossímeis ou prováveis e (2) põe em questão radicalmente a existência de coisas que correspondam às ideias ou representações que delas possa ter a mente: objetos dos sentidos, da imaginação ou mesmo da pura concepção. Leva, assim, à *suspensão* dos juízos que afirmam a existência do corpo próprio, do mundo, de Deus, bem como da crença atribuída às verdades, mesmo as mais simples e evidentes, como as da matemática. Ela é *voluntária* e *geral* na sua aplicação. Sua função permanente é livrar a mente de "todo tipo de preconceitos" e "acostumá-la a se separar dos sentidos" (*Meditações*, Resumo). Por fim, ela só se aplica às questões teóricas e absolutamente não autoriza um ceticismo prático.

** Embora a busca da certeza e, portanto, de verdades indubitáveis esteja presente desde as *Regulae*, nelas a colocação em dúvida sistemática não está precisamente tematizada. Em contraposição, com notáveis diferenças de estilo, os textos posteriores (*Busca da verdade*, *Discurso*, *Meditações*, *Princípios*) introduzem ou indicam "essa dúvida geral e universal que eu mesmo muitas vezes chamei de hiperbólica ou metafísica" (*VII Resp.*, AT VII, 460) e que, ao mesmo tempo que visa demolir os falsos saberes, também visa cavar (no ato e mediante o ato de demolição) "os fundamentos que devem servir a nosso propósito e preparar as melhores e mais sólidas matérias necessárias para preenchê-los" (*Busca*, AT X, 509). Essa dúvida extrai suas razões (1) dos falsos juízos sobre as coisas sensíveis ou sobre os objetos da inclinação natural, (2) dos efeitos da imaginação, (3) da indistinção possível entre a vigília e o sono ("Estou acordado ou durmo?"), e (4) da incerteza sobre o autor de meu ser: se for um Deus todo-poderoso, ele não pode ter me feito de forma tal que sempre me engano? E, se não for um Deus assim, o risco de erro não é ainda maior? As *Meditações* apresentam essa dúvida em dois momentos: o primeiro, fundamentado em motivos naturais (sentido, imaginação, vigília e sonho), mantém intactas as verdades mais simples; o segundo, propriamente metafísico, compromete toda a ciência, até a elementar. Essa mesma dúvida, mantida graças à ficção do "gênio maligno", só será desfeita paulatinamente, num percurso complexo em que o *Cogito* (*Med. II*) prepara o reconhecimento da existência de um Deus que não pode ser enganador (*Med. III*); reconhecimento que deverá ser completado pela explicação da origem de nossos erros (*Med. IV*) e por aquela da exata função dos sentidos (*Med. VI*).

*** A dúvida metafísica é uma operação unitária, progressiva e complexa, à qual se entregará "uma vez na vida", num momento escolhido com cuidado, uma mente que se sentir capaz; ao mesmo tempo, ela só tem sentido com a firme esperança (vale dizer, a segurança) de alcançar assim uma certeza autêntica. Nessas condições, será que essa dúvida é realmente "vivida"? Os primeiros leitores de Descartes muito se indagaram, não só sobre sua necessidade filosófica, mas sobre sua possibilidade prática e sobre o valor das razões mobilizadas. Descartes o reconheceu em várias oportunidades, a começar pelo final das *Meditações*: essas "razões de duvidar" são, no melhor dos casos, verossímeis (*III Resp.*, 1). São "como fantasmas e imagens vãs, que aparecem à noite favorecidas por uma luz débil e incerta"; contudo, em vez de fugir, é preciso deles se aproximar para "descobrir que não é nada" (*Busca*, AT X, 513). De fato, nos *Princípios*, a dúvida hiperbólica se desfaz muito rapidamente (parte I, art. 30). Isso não retira dessa experiência sua necessidade intelectual, nem de suas razões uma grande eficácia, ligadas à vertigem que elas criam na mente.

Entendimento

Lat.: *Intellectus* – Fr.: *Entendement*

* O entendimento, junto com a vontade, é uma das duas faculdades essenciais da alma humana. Aliás, essa alma, como coisa que pensa, é mais essencialmente entendimento que vontade (*Princípios* I, 53). Não podemos conhecer nada, nem mesmo pelos sentidos, sem fazer uso do entendimento, que coincide com a faculdade perceptiva em geral, por meio de cuja atividade são identificados os objetos de nossos pensamentos e nossos próprios pensamentos.

** Para designar o ato mais geral do entendimento, Descartes dispõe de vários verbos, notadamente entender (*intelligere*), mas também conceber (*concipere*) e perceber (*percipere*). Os tradutores franceses muitas vezes traduzem por "concevoir" [conceber] um ou outro dos verbos latinos, que, no entanto, nunca são empregados indiferentemente. O problema da diferença entre "entender" e "conceber" soma-se, aliás, ao da diferença entre "entender" e "compreender" (*comprehendere*): Deus é dito *incompreensível* e suas perfeições, *inconcebíveis*, embora seja o mais *inteligível* de todos os seres. Descartes esclareceu a partir de 1630 que "compreender" (*comprehendere*) é como abarcar pelo pensamento, ao passo que entender (*intelligere*) é somente tocar pelo pensamento. Mas essas comparações não bastam. O fato essencial é que há dois graus nos atos intelectuais ou cognitivos: um de simples representação, outro de verificação ou de definição do objeto dessa representação. "Conceber" se costuma dizer do primeiro desses atos, "entender", somente do segundo. E, ainda que a mente seja *ativa* em toda representação ou reflexão deliberada, a intelecção (clara e distinta) é sempre *paixão* (cf. *a Regius*, maio de 1641, AT III, 372), no sentido de que é pura experiência do que se encontra absolutamente dado a pensar.

*** Por oposição à vontade, o entendimento humano é caracterizado como *finito*. Essa finitude é a de nosso conhecimento autêntico (claro e distinto) e está ligada a três tipos de condições: (a) o tempo, o esforço e o "discurso" geralmente exigidos pelo conhecimento humano; (b) o fato de que todo nosso conhecimento se organiza em torno de "noções simples" ou "primeiras noções", sendo que todo tipo de ser alheio a essas noções deve permanecer inacessível para nós; (c) o limite constituído pela ideia de Deus, que certamente é de certo ponto de vista o objeto por excelência de nosso entendimento, mas que, por outro lado, nos representa uma grande quantidade de coisas como inacessíveis a ele. Essa finitude pode ser posta no princípio de certos problemas, como o do círculo cartesiano. No entanto, não convém dramatizá-la. Com efeito, é exatamente pelo mesmo motivo que nosso entendimento é finito e que algo lhe é efetivamente dado a pensar. Apropriar-se realmente desse dado constitui sua única tarefa, que lhe está integralmente aberta e define sua própria perfeição.

Erro Ver *Juízo*
Fr.: *Erreur*

Escola (Filosofia da -)
Fr.: *École (Philosophie de l'-)*

* A Escolástica, ou filosofia da Escola, é a doutrina ensinada nos colégios e nas universidades. No começo do século XVII, apresenta-se sob diversas formas: comentários das principais obras de Aristóteles e do aristotelismo, obras sistemáticas, como as *Sumas* de Tomás de Aquino, as *Disputas metafísicas*, de Suárez, ou a *Suma filosófica*, de Eustachius a Sancto Paulo, ou, enfim, dicionários, como o *Léxico* de Goclenius. Esse pensamento, mais unificado pelo estilo de sua argumentação que por seus conteúdos, estende-se a todos os grandes setores da filosofia (lógica, metafísica, física e moral) bem como à teologia. Descartes procurou primeiro evitá-lo, depois criticá-lo em seus fundamentos e então substituí-lo no seu papel institucional por um manual, *Os princípios da filosofia*.

** De modo geral, Descartes condena a filosofia da Escola e notadamente sua física por seu caráter incerto: o próprio gênero das disputas e a incapacidade de deter-se definitivamente na verdade, em prol do provável, parece-lhe uma marca importante da incerteza dessa doutrina (cf. *Regra II* e *Discurso*, AT VI, 81). A lógica e a dialética, que constituem a precondição argumentativa e formal da escolástica, são "máquinas de guerra" apropriadas, no melhor dos casos, para pôr em forma raciocínios existentes e não para encontrar a verdade; Descartes as substitui por um método de invenção baseado em operações intelectuais infalíveis. Em física ou filosofia natural, o mero fato da matematização, sejam quais forem suas modalidades, já constitui uma tomada de partido contra o caráter radicalmente qualitativo da física da escola. Desse ponto de vista, o *Mundo* e os *Meteoros* são duas maneiras de evitar uma discussão frontal com a Escola: o primeiro tratado se apresenta como uma fábula que descreve a gênese do universo a partir das leis do movimento, e o segundo propõe a explicação dos corpos mistos de forma puramente mecânica. Nessas duas obras, Descartes recusa-se a discutir as entidades físicas da escolástica, como as qualidades reais, as formas substanciais ou as espécies intencionais, e se limita a realizar uma física completa sem utilizá-las. Numa fase posterior (cf. *VI Resp.*, pt 10), Descartes explicitará a origem do preconceito relativo às qualidades reais, como o peso, pela aplicação apenas ao corpo de noções que servem para entender a união entre corpo e alma. Logo, a física escolástica é geralmente caracterizada pela confusão das explicações e pela inadequação das comparações, ou seja, pela mistura dos conceitos derivados das três noções primitivas (*a Elisabeth*, 21 de maio de 1643). Finalmente, Descartes instalou-se no próprio terreno da escolástica, o ensino, propondo seus *Princípios de filosofia*. Concebido inicialmente como um comentário crítico seguido da *Summa philosophica*, de Eustachius a Sancto Paulo, essa obra se transformou em manual de filosofia cartesiana, adotando uma ordem sistemática que corresponde de forma bastante sumária à das sumas escolásticas.

Experiência
Fr.: *Expérience*

* A experiência é o que a mente extrai, de modo exclusivo, de sua relação atual com um objeto. Esse objeto não é necessariamente material. Além da percepção sensível, da condução da vida e da busca de observações científicas, Descartes fala de experiência com relação aos dados metafísicos, notadamente o *Cogito* (*II Resp.*, AT VII, 111) e a liberdade (*Princípios* I, 6 e 39, 41). Na física, a experiência cumpre um papel bem mais importante do que por vezes se supôs.

** A *Regra II* opunha a pureza da dedução matemática, que "nunca pode ser mal feita", a uma experiência que é "muitas vezes enganosa" (AT X, 365). Mas, se, de fato, certas experiências são falsas porque "mal compreendidas" e precipitadamente interpretadas (*ibid.*), a experiência é perfeitamente verídica quando satisfaz às condições da intuição: "O entendimento jamais pode ser enganado por nenhuma experiência se tiver em vista (*intueatur*) apenas a coisa precisa que é seu objeto (*rem sibi objectam*), [...] e contanto que não julgue que a imaginação retrata fielmente os objetos dos sentidos nem que [...] as coisas exteriores são sempre tal como aparecem, pois em tudo isso estamos sujeitos ao erro" (*Regra XII*, AT X, 423). É verídica a experiência que, como diz Bacon (*Novum Organum* I, 70), "aferra-se àquilo mesmo que é experimentado (*experimentum*)".

*** No campo da física e da fisiologia, a experiência, identificada com o fenômeno, decide sobre tudo o que não pode ser diretamente derivado das leis da natureza. Como os princípios que essas leis constituem "são tão amplos que deles se pode deduzir muito mais coisas do que as que vemos no mundo", é preciso elaborar uma "lista dos principais fenômenos" dos quais se pretende "pesquisar as causas" (*Princípios* III, art. 4). A partir daí, a experiência, ou fenômeno, não fornece, como tal, nenhuma explicação, mas, muito pelo contrário, determina o que cumpre explicar pelos princípios, isto é, pelas leis. Não sendo esses princípios oriundos da experiência, mas sim de considerações *a priori*, o recurso maciço à experiência na ciência cartesiana não faz dela exatamente um empirismo. Mas o projeto mais geral e mais constante de Descartes é, de fato, a partir de 1629, a explicação das causas de todos os fenômenos da natureza, isto é, a explicação de tudo o que aparece na experiência dos sentidos (*a Mersenne*, 13 de novembro de 1629, AT I, 70; *Princípios* II, 64, e IV, 199).

Extensão
Lat.: *Extensio* – Fr.: *Étendue*

* A extensão em comprimento, largura e profundidade é o principal atributo da substância corporal e constitui sua natureza e sua essência (*Princípios* I, 53). É uma das três *noções primitivas* (junto com as do pensamento e da união entre corpo e alma). Dela derivam as duas noções de *figura* e de *movimento* (*a Elisabeth*, 21 de maio de 1643, AT III, 665).

** Por um lado, a extensão constitui a essência das coisas materiais; por outro, é o objeto da "matemática pura e abstrata". Esses dois aspectos são estabelecidos solidariamente e permitem entender como a matematização da física é possível.

O espaço ou extensão é a "quantidade contínua" que os matemáticos da Antiguidade opunham à quantidade discreta (o número). Essa extensão é tridimensional (extensão em comprimento, largura e profundidade) e divisível ao infinito em partes (mas não necessariamente dividida em ato), o que exclui o atomismo. As partes diferem entre si pelas grandezas, figuras, lugares e movimentos. Essas noções bastam para explicar as propriedades sensíveis dos corpos, que a elas se reduzem direta ou indiretamente (por exemplo, a dureza ou a liquidez, o calor, são efeitos do movimento particular das partículas que compõem os corpos). Por isso, Descartes pode prescindir das "formas substanciais" da escolástica. Por outro lado, essa extensão é o que Descartes chama o objeto da matemática pura. Com efeito, na redução das propriedades da extensão à figura e ao movimento das partes que a compõem, a figura é evidentemente o objeto da geometria, ao passo que o movimento, em geral, não o é. Todavia, numa carta, Descartes indica que o movimento é o principal objeto de sua matemática pura (*a Ciermans*, 23 de março de 1638, AT II, 71). Isso permite assim identificar a essência dos corpos com o objeto tratado pelo matemático, o que equivale a pensar que tudo o que é realmente conhecido sobre os corpos o é matematicamente.

*** A questão de saber se a essência dos corpos consiste na extensão atravessa o essencial do século XVII. De um lado, Descartes é o adversário de todo atomismo (que admite partes indivisíveis) e se opõe a qualquer realidade do vácuo (isto é, de um espaço sem matéria: se a extensão nunca é senão uma propriedade dos corpos, um espaço vazio é um absurdo). Nesse ponto, portanto, tem contra si a maioria dos filósofos e dos cientistas de seu tempo, como Galileu, Hobbes, Beeckman e depois Pascal e Newton. Mas, de outro lado, para alguns que também recusam o vácuo e os átomos, como Leibniz, a extensão parece insuficiente para pensar o movimento dos corpos: será preciso agregar-lhe a noção de *força*.

Fé

Lat.: *Fides* – Fr.: *Foi*

* As coisas que devemos admitir como verdadeiras provêm essencialmente de duas fontes. À luz natural da razão, comum a todos os homens, devemos nossos conhecimentos claros e distintos. Mas também cumpre evocar uma certa luz sobrenatural que depende da graça divina e que nos fará "receber em confiança", apesar de sua eventual obscuridade, as coisas que são objeto da revelação (*II Resp.*, pt 5). Entre as verdades reveladas, algumas (como a existência de Deus e a imaterialidade da alma humana) são acessíveis à razão natural. As outras (como os mistérios da religião cristã) dependem apenas dessa luz sobrenatural, e devemos crer nelas sem procurar esclarecê-las (o que seria pura presunção).

** Descartes apresentou a si próprio como um pensador cristão, de confissão católica, não só respeitoso do dogma, da tradição e da autoridade da Igreja de Roma, mas zeloso em servir a "causa de Deus" contra os incrédulos (os "espíritos fortes"), fornecendo sobre as duas questões, de Deus e da alma, demonstrações de inédita perfeição. Em várias cartas (notadamente *a Huygens*, outubro de 1642; *a Elisabeth*, 18 de maio de 1645; *a Silhon*, março ou abril de 1648), ele menciona a esperança de uma outra vida que nos oferecerá alegrias incomparáveis em comparação com esta. Em nenhum caso, contudo, a postura filosófica de Descartes é em si mesma subordinada à fé. A razão humana não tem nenhuma necessidade da revelação para descobrir, em todos os campos abertos a ela, as verdades mais úteis para o gênero humano. E, se um Deus soberanamente perfeito também deve ser sumamente amado, somente um raciocínio muito árduo (cf. *a Chanut*, 1º de fevereiro de 1647, AT IV, 608) permitirá fazer do amor a Deus "a mais violenta" e "a mais útil" de todas as paixões. Quanto à teologia propriamente dita, que consiste na explicação das verdades reveladas, será muito imprudente a ela se consagrar sem sentir em si uma graça particular, de que Descartes fala mais com ironia do que se lamentando (*VI Resp.*, pt 5), tanto mais que os teólogos profissionais muitas vezes parecem ser os últimos a fazer uso de caridade (cf. *Ep. a Voet.*, II e VII). Portanto, não foi sem razão que os filósofos das Luzes, embora muito críticos no tocante à física e à metafísica de Descartes, designaram--no, nesse aspecto, como um de seus predecessores.

Filosofia
Lat.: *Philosophia* – Fr.: *Philosophie*

* "A palavra *filosofia* significa o estudo da sabedoria" (Carta--Prefácio dos *Princípios*, AT IX-B, 2). Nessa definição de estilo clássico, nota-se a inflexão positiva: o conjunto dos conhecimentos úteis para a vida, que a palavra *sabedoria* abarca, está em parte plenamente ao nosso alcance. "Estudar para adquiri--la" é "o que se denomina propriamente filosofar" (*ibid.*). Para que esse estudo se dê com ordem e segurança (depois da preparação matemática indispensável), deverá começar pela metafísica e prosseguir com a física. Terminará com a mecânica, a medicina e a moral, que são como os três ramos de uma árvore da qual a física seria o tronco e a metafísica as raízes (AT IX-B, 14).

** A Sexta Parte do *Discurso do método* opunha à filosofia puramente especulativa que se ensina nas Escolas a promessa de uma filosofia "prática", graças à qual os homens poderiam se tornar "senhores e donos da natureza" (AT VI, 62). Essa promessa de domínio técnico da natureza irá em seguida desaparecer um pouco dos textos cartesianos. Mas esse não é o caso da ambição prática em geral. A "verdadeira filosofia" nos faz conhecer nossa própria natureza, nos revela o que podemos investigar e nos habitua a descobrir a verdade em todo tipo de questão. Dotada da natureza de proporcionar aos que são capazes de estudá-la uma perfeita satisfação intelectual, também deveria desestimular todo tipo de controvérsia e predispor os espíritos "para a doçura e a concórdia" (Carta-Prefácio, AT IX-B, 18). É, portanto, tudo o que há de mais útil para o gênero humano (*Ep. a Voet.*, AT VIII-B, 26), a ponto de que não só "o maior bem que possa haver em um Estado é ter verdadeiros filósofos", mas que "é propriamente fechar os olhos, sem nunca tentar abri-los, viver sem filosofar" (Carta-Prefácio, AT IX-B, 3).

*** Portanto, na ideia cartesiana da filosofia não cabe opor a preocupação com a utilidade à preocupação com a solidez. Ao contrário, apenas na medida em que ela for perfeitamente sólida (e constituída nas condições da mais rigorosa dúvida) é que a nova filosofia será suprema e universalmente útil. Logo, não cabe escolher entre um Descartes físico, voltado para o mundo empírico, e um Descartes metafísico, voltado para Deus e para a subjetividade pensante. Embora distribuída em diversos planos, a operação filosófica de Descartes revela, no seu plano de conjunto e no seu estilo, a mais rigorosa unidade.

Física
Fr.: *Physique*

* A física contém, segundo a Carta-Prefácio dos *Princípios*, inicialmente a explicação das "primeiras leis ou princípios da natureza", depois o estudo dos corpos que compõem o universo (estrelas, planetas, cometas etc.), o estudo da terra e especialmente dos elementos que a compõem, o estudo de suas qualidades (luz, calor, peso etc.) e, enfim, o estudo dos corpos "mais particulares" da terra, como os minerais, as plantas e os animais (entre os quais, o homem). De direito, cabe à física a explicação de toda parte ou toda propriedade material passível de ser percebida pelos sentidos (fenômeno). A explicação física não exige nenhum outro princípio além dos da *Mathesis pura e abstrata* (*Princípios* II, art. 64), e, nesse sentido, é matemática.

** Embora a física cartesiana abarque o essencial dos objetos da física escolástica (acrescentando a ela, contudo, uma parte inédita que define os princípios de conservação do movimento e os primeiros estados da matéria), distingue-se imediatamente dela por seus princípios, seus métodos e seus resultados.

No plano dos princípios, Descartes opõe à multiplicidade das entidades da física escolástica a simplicidade de um princípio único, o da divisibilidade da matéria. "Assim, se considerarmos que em tudo o que se fez até hoje em física apenas se tentou imaginar algumas causas mediante as quais se pudessem explicar os fenômenos da natureza, sem que contudo se tenha obtido êxito; depois, se compararmos as suposições dos outros com as minhas, ou seja, todas as suas qualidades reais, suas formas substanciais, seus elementos e coisas semelhantes, em quantidade quase infinita, tão somente com o fato de que todos os corpos são compostos de algumas partes [...], espero que isso baste para persuadir [...] que os efeitos que eu explico não têm nenhuma outra causa senão aquelas das quais os deduzo" (a Morin, 13 de julho de 1638; AT II, 200).

Os métodos que Descartes emprega em física são de duas ordens. Por um lado, ele enumera (*Mundo*, *Princípios*) três Leis da Natureza, a partir de um princípio geral de conservação da quantidade de movimento e de sua direção, ele mesmo subordinado à condição metafísica da imutabilidade divina. A partir das mesmas noções de movimento e de repouso é que se definem estados como a dureza e a fluidez dos corpos: um corpo duro é aquele cujas partes estão em repouso relativo, ao passo que num corpo fluido as partes estão em movimento permanente. Essas leis da natureza bastam para explicar a ordem atual do mundo: não são apenas as regras de funcionamento de um universo que já tem uma forma, são também as leis de sua formação. Por outro lado, a física de Descartes se realiza na explicação dos fenômenos pertencentes às disciplinas tradicionais da física e da matemática aplicada (astronomia, óptica, meteoros, fisiologia). Regra geral, Descartes procura estabelecer comparações que permitam imaginar distintamente por analogia o funcionamento, parcial ou total, do corpo ou do efeito buscado. Nesse sentido, a física como um todo se identifica com a mecânica, e os corpos, animados ou não, funcionam como máquinas.

*** Ao dizer, por exemplo, que "toda a minha física nada mais é senão geometria (a Mersenne, 27 de julho de 1638)" ou que ela se reduz às "leis da matemática" (a Mersenne, 11 de março de 1640), Descartes faz o leitor contemporâneo esperar uma física bem diferente daquela que ele realmente oferece. Vários setores do campo da física são reduzidos àquelas leis: é o caso em parte da óptica, da acústica, da teoria das máquinas simples; as regras do choque dos corpos têm por objetivo "submeter ao cálculo" as forças dos corpos para resistir ao movimento ou para provocá-lo (*Princípios* II, 45). Todavia, ainda que, neste último caso, as regras de cálculo sejam bastante simples separadamente, valem tão somente numa situação abstrata, e a complexidade indefinida, se não infinita, das situações concretas impede, na realidade, qualquer aplicação. Por outro lado, a matematização dos problemas da física dos fenômenos celestes ou terrestres não é tanto sua geometrização e menos ainda sua colocação em equação, mas sim a construção de análogos mecânicos. Nesse sentido, a matemática pura tal como Descartes a define fornece tudo o que é necessário (figura e movimento) para entender as máquinas e para construir outras novas (*Dióptrica*, X); a assimilação dos fenômenos naturais a máquinas desse tipo impede "admirá-los", ou seja, ficar espantado com eles sem poder compreender sua causa (*Meteoros* I, AT VI, 231, e X, AT VI, 366).

Generosidade
Fr.: *Générosité*

* O tratado das *Paixões da alma* (1649) faz da "verdadeira generosidade" a "chave de todas as outras virtudes" (art. 161). Essa virtude, própria das "almas nobres e fortes", caracteriza-se de duas maneiras: pelo reconhecimento do "uso de nosso livre-arbítrio" e do "domínio que temos sobre nossas vontades" como "única coisa que possa nos dar justa razão de nos estimarmos" (art. 152); e, correlativamente, pela "firme e constante resolução" de bem usar esse livre-arbítrio, "ou seja, de jamais carecer de vontade para empreender e executar todas as coisas que [se] julgar serem as melhores" (art. 153). Essa disposição interior, associada a esse conhecimento, determina por si só todo um modo de considerar a si próprio, de considerar os outros homens e de agir em relação a eles (bem como em relação à "soberana divindade"). A conduta generosa coincide no mais alto grau com a virtude e proporciona, junto com o maior controle das paixões, o mais perfeito dos contentamentos.

** A doutrina da generosidade aparece, como tal, como uma criação tardia do pensamento cartesiano: antes do Tratado de 1649, nenhum texto cartesiano, nem mesmo as cartas de 1645--1647 sobre a moral, dedicou-se a definir essa virtude. Mas, depois da "moral provisória" do *Discurso do método* até as grandes cartas à princesa Elisabeth (agosto-setembro de 1645) e à rainha Cristina da Suécia (20 de novembro de 1647), passando pela *Quarta meditação* (1641), pela *Epístola a Voetius* (1643) e pela Dedicatória dos *Princípios* (1644), uma ideia foi se afirmando de forma cada vez mais firme: o essencial na vida moral consiste em fazer, das faculdades que Deus nos deu (entendimento e vontade), o melhor uso de que sejamos capazes; o que faremos quando empregarmos "todas as forças de nossa mente" para examinar o que devemos fazer e, em seguida, executar sem falha (inclusive em situação de incerteza) o que julgarmos ser a melhor atitude a tomar. Esse é o "bom uso do livre-arbítrio", em que devemos colocar nosso soberano bem "nesta vida", tanto mais que só ele pode nos proporcionar a tranquilidade de espírito que coincide com nosso mais perfeito contentamento. O *generoso* aparece precisamente como o homem que, na ordem prática, aplica nesse bom uso das faculdades a maior quantidade de energia e a mais perfeita regularidade. *Autenticamente decidido* a fazer em todas as coisas "seu melhor" e, portanto, a "proporcionar, na medida do que lhe cabe, o bem geral de todos os homens" (segundo a formulação do *Discurso*, VI), também está *habituado* a fazê-lo (porque a coisa depende apenas dele) e não atribui a mais nada uma importância comparável. Pouco aferrado às vantagens que dependem da fortuna, o generoso vê em si mesmo e nos outros homens fundamentalmente a mesma potência e as mesmas debilidades. Associando, portanto, à sua generosidade uma "humildade virtuosa", ele "jamais despreza alguém" (art. 154), "não se prefere a ninguém" (art. 155) e não tem inclinação nem para o ciúme, nem para a inveja, nem para o ódio, nem para o medo, nem para a cólera. A essa figura do generoso opõe-se a do orgulhoso (art. 157), que estima a si próprio por motivos indevidos, imaginários ou mesmo de todo fúteis, bem como a da alma "fraca e baixa", a quem falta primeiro a confiança na própria capacidade de bem fazer (art. 159). De ordinário, porém, são as mesmas almas que, por causa de um mesmo desregramento da autoestima, mostram-se ora orgulhosas e vãs, ora fracas e baixas, "conforme [elas] julguem que o que lhes ocorre lhes é vantajoso ou não".

*** Além de constituir uma culminação da reflexão moral de Descartes, a doutrina da generosidade realiza uma notável síntese entre vários modelos éticos: magnanimidade aristotélica (com a preocupação da verdadeira grandeza), firmeza da mente dos "estoicos", mas também virtudes cristãs de humildade e caridade, e cultura epicurista de um prazer pelo objeto muito refinado.

Essa síntese, possível por um retorno raciocinado às primeiras verdades da moral, tem seu equivalente no plano antropológico: a generosidade não é uma disposição apenas da alma, mas do homem inteiro; não é somente uma *virtude* a ser praticada, mas também (art. 160) uma *paixão* cuja energia e cuja doçura podem ser sentidas por movimentos interiores "firmes e constantes".

Homem
Fr.: *Homme*

* Descartes trata do homem sob três aspectos, que correspondem às três noções primitivas: o *Tratado do homem* (1633) o examina como um autômato e, assim, explica mecanicamente todas as suas funções corporais; as exposições metafísicas estudam o eu como pensamento radicalmente distinto do corpo e independente dele; do ponto de vista da união substancial, por fim, Descartes considera o homem, ou a *pessoa*, como composto de uma alma e de um corpo. Somente a natureza dessa união torna possível entender que o homem não é um "ser por acidente". À definição escolástica do homem como "animal racional" Descartes prefere, pois, um triplo processo de reconhecimento, que conserva para a natureza humana algo de enigmático, não podendo a razão natural nos ensinar *por que* Deus uniu uma alma a seu corpo.

Ver: Alma, Animal, União entre corpo e alma.

Ideia
Lat.: *Idea* – Fr.: *Idée*

Descartes foi o primeiro autor a chamar de "ideias" (termo fortemente marcado pela tradição platônica e até então reservado para representações ideais ou para formas exemplares) tudo aquilo sobre o que se dá, de forma imediata, o trabalho da mente. Pensar numa coisa é ter a ideia dessa coisa e "não temos nenhum conhecimento das coisas senão pelas ideias que delas temos". Assim, "temos ideias de tudo o que está em nosso intelecto" (*a Mersenne*, 28 de janeiro de 1641), inclusive das operações, afecções ou vontades da própria mente. Esse novo emprego da palavra, que a faz abarcar todo tipo de noções, conceitos, representações e percepções, tem evidentemente como contrapartida importantes disparidades de estatuto entre os diversos tipos de ideias.

** Descartes chamou inicialmente de "ideias" (*ideae*) certas impressões do cérebro, a saber, as figuras traçadas sobre a glândula pineal seja pelos "objetos que afetam os sentidos", seja pela "força" da alma (cf. por exemplo *Reg. XII*, AT X, 414, e *O homem*, AT XI, 174 ss.). A partir do *Discurso do método*, salvo exceções, a ideia torna-se coisa totalmente mental: segundo a única definição expressa que Descartes forneceu (*II Resp., Exp. geom.*, def. 2), ela é "essa forma de cada um de nossos pensamentos, por meio de cuja percepção imediata temos consciência desses mesmos pensamentos"; em outras palavras, o que nos faz reconhecer em sua especificidade esse pensamento, com seu objeto. Essa relação é concebida em dois sentidos: cada pensamento dá lugar a uma ideia (assim, "não poderíamos querer nada sem saber que o queremos, nem sabê-lo senão por uma ideia": *a Mersenne*, 28 de janeiro de 1641), mas também *se reporta* a uma ou várias ideias que lhe conferem seu objeto (real ou imaginário). Nesse sentido é que a *Terceira me-*

ditação define as ideias "como imagens, em que umas representam uma coisa e as outras, uma outra" (AT IX, 31). E é nessa função ou dimensão representativa que diversos tipos de desigualdades aparecem entre as ideias.

Primeiro tipo de desigualdade: segundo a clareza e a distinção. As ideias claras e distintas são aquelas cujo objeto reconhecemos perfeitamente, definindo sua natureza e suas propriedades. As ideias confusas, como as das qualidades sensíveis, são aquelas sobre as quais não podemos dizer precisamente o que representam para nós (*Med. III*, AT IX, 34; *Princípios* I, 69).

Note-se, todavia, que não existem na mente "ideias claras e distintas" que assim sejam de maneira imediata e como que infusa: toda ideia deve ser experimentada em sua clareza e em sua distinção por um certo trabalho da mente.

Segundo tipo de desigualdade: segundo a *realidade objetiva*. Embora se possa admitir que todas as ideias têm, enquanto "obras da mente" (enquanto atos de pensamento), a mesma *realidade formal*, elas diferem, em contrapartida, em *realidade objetiva*, não só nem precisamente na medida em que representam para nós coisas diferentes, mas na medida em que seus respectivos objetos estão diversamente situados em uma escala do ser ou da realidade, um dos polos da qual é o nada e o outro, o infinito (*Med. III*, AT IX, 32). A realidade objetiva das ideias das coisas intelectuais (Deus, o anjo, a mente) é superior à das ideias das coisas corporais; mas também as ideias das substâncias têm mais realidade objetiva que a dos atributos ou propriedades, e com maior razão quando essas propriedades são conhecidas de modo muito confuso (o frio).

Terceiro tipo de desigualdade: segundo o modo de formação na mente (AT IX, 29-30; *a Mersenne*, 16 de junho de 1641). Quando compomos deliberadamente ou de acordo com nossa fantasia a ideia de uma coisa da qual nunca encontramos um exemplo, essa ideia é dita *factícia*. As ideias das coisas que nos são representadas pelos sentidos são ditas *adventícias*, porque devem sua formação a certas circunstâncias externas. Mas existem também ideias que podemos dizer *nascidas com nossa mente*, *inatas (mentibus nostris ingenitae, innatae)*: seja porque são as ideias das coisas mais simples, com que compomos todas as outras (por exemplo, as ideias da extensão, do movimento, do pensamento, da existência, da unidade...: cf. *Princípios* I, 48), seja porque representam para nós essências ou "naturezas verdadeiras e imutáveis", cujas diversas propriedades descobrimos pouco a pouco, sem que esteja em nosso poder modificar essas propriedades (por exemplo, a ideia do triângulo e dos outros objetos da geometria, cf. *Med. V*, AT IX, 51). Essas ideias não são nada que tenhamos recebido "dos sentidos ou pelos sentidos": para reconhecer um triângulo num certo desenho em papel, é preciso já ter a noção de figura e formar sozinho a pura ideia do triângulo; para entender o que alguém lhe fala ao falar de Deus, é preciso já ter a ideia de Deus etc. Para ser dita inata, uma ideia não precisa estar sempre presente na nossa mente (se assim fosse, não haveria nenhuma: cf. *III Resp.*, 10). Em contrapartida, basta ela nos apresentar um verdadeiro dado intelectual, do qual nada podemos eliminar. É o caso do que constitui para nós as dimensões fundamentais da realidade (os diversos tipos de substâncias com suas propriedades específicas ou comuns), mas também, importa sublinhar, dos elementos constituintes da percepção sensível: as ideias das cores primárias são inatas, no sentido de que nenhuma circunstância nos levou a "fabricá-las"; não é o caso das ideias deste ou daquele corpo percebido, ideias que se compõem em nossa mente por ocasião de certas impressões dos sentidos (*N. in Progr.*, AT VIII-B, 358-359).

*** O princípio segundo o qual nosso conhecimento das coisas se resume por inteiro a *ideias* foi aceito de modo bastante geral pelos pensadores da época clássica, ainda que com notáveis dissensões quanto à natureza e à origem dessas ideias. Sobre essa natureza, o pensamento cartesiano se caracteriza por uma extrema prudência: definidas quase em toda parte de maneira muito indireta, as ideias das coisas não são elas próprias objetos para nossa mente. Podemos apenas determinar o que ali está compreendido e saber que somos afetados por isso. Nosso conhecimento de nosso pensamento não se estende mais além.

Imaginação
Fr.: *Imagination*

* A imaginação é a faculdade mediante a qual a mente pode formar imagens das coisas materiais mesmo na ausência delas. Essa faculdade intermediária entre o *sentido* (que só é sentido na presença dos objetos) e o *entendimento* (que pode funcionar sem imagens) é, para Descartes, inútil e até nociva em metafísica, quando se trata de se ocupar dos objetos que só são acessíveis ao entendimento puro. Mas ela é essencial na construção da ciência da natureza e na matemática.

** Nos primeiros trabalhos de Descartes, a imaginação (ou *fantasia*) é uma parte do cérebro que recebe as impressões do senso comum, reunindo os movimentos transmitidos pelos nervos dos sentidos externos e internos. Essa parte "cobre-se de várias figuras distintas umas das outras", de uma maneira que afeta a faculdade de conhecer (o entendimento), que pode igualmente determinar a formação dessas figuras (*Regra XII*). Mais tarde, Descartes reservará o nome *imaginação* para o ato intelectual correspondente, e, para sua componente material, evocará apenas uma localização cerebral precisa, a glândula pineal ou *conarium*, onde a mente pode, por exemplo, "desenhar" certas figuras (*Conv. Burm.*, AT V, 163). Quando a imaginação não é objeto de uma aplicação da vontade, ela resulta do curso fortuito dos espíritos animais no cérebro (*Paixões*, art. 20, 21 e 26).

*** Há quem considere, de acordo com a *Segunda meditação*, que Descartes condena qualquer uso da imaginação no conhecimento. Depois da *Quinta meditação*, contudo, essa faculdade, reconhecida como um esforço particular da mente, diferente da simples intelecção, vê reconhecido um papel determinante no conhecimento das propriedades da quantidade contínua, ou seja, o espaço geométrico, identificado ao espaço da física. "O corpo, isto é, a extensão, as figuras e os movimentos, também podem ser conhecidos apenas pelo entendimento, mas bem melhor pelo entendimento ajudado pela imaginação" (*a Elisabeth*, 28 de junho de 1643, AT, III, 691).

O uso cartesiano da imaginação adota a forma de uma representação esquemática das coisas, que manifesta suas *dimensões* de maneira mais distinta que a simples apreensão direta (AT X, 417). Consiste, pois, na figuração das propriedades estudadas e numa certa idealização, que culmina matematicamente numa representação por meio de segmentos de retas (*Discurso* II, AT VI, 20). Dentro desse espírito é que se entendem as figuras dos ensaios científicos e as comparações ou modelos de física e, do mesmo modo, o novo simbolismo adotado em álgebra. A imaginação considerando tudo o que atinge como corporal, o fato é que ela é absolutamente inadequada para o conhecimento das coisas inteligíveis, como Deus ou a alma. A partir daí, será indagado o papel que lhe cabe na excitação da paixão do amor a Deus (cf. *a Chanut*, 1º. de fevereiro de 1647).

Infinito
Lat.: *Infinitum* – Fr.: *Infini*

* Na *Terceira meditação* e em vários outros textos, o infinito aparece como o primeiro "nome" cartesiano de Deus, "substância infinita, eterna, imutável…". Há um único ser que é propriamente infinito. A infinidade não é uma determinação negativa, e sim positiva: o finito é que é constituído e concebido a partir de uma negação ou limitação. O infinito não é o simples indefinido (*indefinitum*), ou seja, aquilo para que, numa certa relação, não encontramos nenhum limite. O ser infinito, a título "eminente", contém todo o ser. Também reúne em si, num grau supremo, melhor dizendo, igualmente infinito, todas as perfeições concebíveis, entre as quais se acha uma existência que sua própria essência basta, assim, para produzir. Isso significa também que sua *potência* supera tudo o que possamos conceber e se estende, em todo gênero de coisa, a tudo o que existe, existiu ou pode existir (sem nenhuma dimensão de capricho, pois um Deus todo-perfeito é imutável em suas vontades).

** A teologia escolástica de forma nenhuma ignorou a infinidade do ser divino, que santo Anselmo já caracterizava como "o que é tal que nada de maior pode ser pensado". Contudo, com Descartes, essa infinidade, colocada em primeiro plano metafísico-teológico, é analisada com todo o rigor de suas implicações. O infinito ultrapassa absolutamente nossa compreensão e, ainda que possamos nomear em Deus certas perfeições, as perfeições dele são infinitamente "relevadas" acima das nossas. De resto, o que em nós é dividido, nele é uma coisa só: assim, é "por uma única e muito simples ação" que ele "entende, quer e faz tudo" (*Princípios* I, 23). Ademais, contudo, a distinção entre a essência e a existência, que vale para as outras coisas, não tem a mesma realidade no ser infinito: não só, como estabelece a prova *a priori*, a existência deve ser incluída entre suas perfeições e, portanto, faz parte de sua essência, mas é possível dizer que essa essência basta para fazê-lo existir e que ela está nele como a causa eficiente de sua existência: Deus ou o ser infinito é *de certa forma causa de si* (cf. I *Resp.*, AT IX, 86-87; *IV Resp.*, AT IX, 184 ss.).

*** Se o infinito é incompreensível e se há na natureza divina muitas coisas às quais não temos acesso, como nossa ideia de Deus pode ser dita mais clara e mais distinta que todas as outras? A questão admite várias respostas: a ideia de Deus sendo a do "soberano ser" (*summum ens*), ela contém e encerra em si "tudo o que podemos conceber de real e de verdadeiro" (*Med.* III, AT IX, 36). E, como tudo o que conhecemos das coisas agrega algo ao conhecimento de nossa própria mente, também tudo o que conhecemos da natureza agregará algo a nosso conhecimento de Deus. Mas, sobretudo, nada é mais claro nem mais distinto que essa incompreensibilidade, para quem nisso souber refletir como se deve (cf. por exemplo *V Resp.*, III, VII). Para tanto, deve-se apenas parar de querer imaginar o que é totalmente inimaginável e de querer dominar pela mente o que não tem proporção conosco. Decerto, porém, ainda que esse Deus infinito seja "espírito ou coisa que pensa" (*a Chanut*, 1º de fevereiro de 1647), é embaraçoso conceber sua *personalidade*.

Intuição e dedução
Lat.: *Intuitus et deductio* – Fr.: *Intuition et déduction*

* Conforme as *Regras para a orientação do espírito* (cf. *Reg. III*), a intuição e a dedução são os dois atos fundamentais do entendimento (da mente cognoscente). É *intuição* todo ato unitário da mente que apreende de maneira absoluta e, portanto, em sua totalidade um certo conteúdo objetivo. Há *dedução* quando a mesma mente passa da consideração intuitiva de uma coisa (de uma relação) para a de uma outra, para chegar a uma determinada conclusão. O objeto da intuição é *evidente*; a conclusão à qual chega a dedução é apenas *certa*, se a série das relações que se distribuem entre os princípios e a conclusão não puder ser sintetizada num só e mesmo ato intelectual. Exercitando-se em percorrer as mesmas cadeias dedutivas "num movimento contínuo e ininterrupto do pensamento", pode-se (*Reg. VII*) aumentar a "capacidade" da mente, que se define pelo número de elementos ou de relações que pode abarcar num único olhar. A intuição aparece, pois, como a fonte de todo conhecimento racional, o que autoriza a falar de um *intuicionismo* cartesiano.

** A palavra francesa *intuition* não pertence ao léxico de Descartes. E, à diferença do verbo *intueri*, o termo latino *intuitus*, que designa a plenitude da percepção visual ou intelectual, pouco é encontrado fora dos *Regulae*. Na tradição escolástica, o conhecimento intuitivo foi distinguido do conhecimento *discursivo* (obtido por raciocínio) e, depois, do conhecimento *abstrativo* (que é somente mediato e sempre parcial). Segundo vários autores, entre os quais Suárez, somente a percepção sensível representa nesta vida o modo intuitivo do conhecimento: a intuição intelectual, própria das inteligências puras, só nos será acessível na outra vida. Na *Regra III*, ao contrário, não só essa intuição intelectual aparece como possível, mas ela constitui o ato fundamental do conhecimento, fora do qual não há ciência possível.

Juízo

Lat.: *Judicium* – Fr.: *Jugement*

* Antes concebido como uma operação do entendimento que compõe as noções das coisas, o juízo se torna em Descartes um ato da *vontade* que toma posição sobre o que o entendimento lhe representa. Quando essa representação é clara e distinta, esse juízo é plenamente refletido, sólido e verdadeiro. Quando essa representação é apenas confusa é que o erro se produz.

** Vários autores (Gassendi, Hobbes, Espinosa) negaram que o juízo fosse algo além da percepção ou da ideia: acaso não é sempre de acordo com a maneira como percebemos uma coisa que a julgamos? E como faria a vontade para tomar posição em relação a algo que não concebêssemos de forma nenhuma? De fato, a formulação da *Quarta meditação*, segundo a qual eu me engano quando minha vontade se estende "a coisas que não entendo", conserva algo de enigmático. Deve-se, contudo, entender que, para Descartes, o exercício do juízo consiste na concessão de um assentimento (*assensus*) que possui sempre um duplo objeto, a saber, o objeto ou conteúdo da representação, mas também a representação como tal (como suficientemente clara ou não). Nessa dupla dimensão é que se define o bom ou o mau juízo: julgamos mal quando nos contentamos com uma representação confusa sempre que fica claro que a representação poderia se tornar mais clara (mediante o que "entendemos" realmente alguma coisa). E pode-se distinguir entre dois hábitos: o hábito de dar seu assentimento a representações confusas ou, ao contrário, o hábito de reservá-lo para representações claras. Ora, esses hábitos não pertencem precisamente ao entendimento: dependem da vontade.

*** Toda uma tradição lógica preocupou-se com o juízo do ponto de vista de seu conteúdo, ou seja, da natureza das proposições e de seus elementos constituintes. Descartes deixou todos esses problemas de lado, assim como, em geral, os problemas atinentes à expressão linguística do pensamento. Sua problemática do juízo visa essencialmente destacar nossa própria responsabilidade com relação a tudo o que "recebemos em confiança", e defende, é claro – na continuidade de uma certa tradição estoica, moderada por diversos fatores –, o exercício o mais extenso e o mais refletido possível dessa responsabilidade.

Livre-arbítrio Ver *Vontade*
Fr.: *Libre arbitre*

Luz
Lat.: *Lux, lumen* – Fr.: *Lumière*

* A luz com suas propriedades constitui um dos principais objetos estudados pela física cartesiana, em que é definida como uma "ação para se mover" que provoca um sentimento particular quando toca o olho (*Mundo*, AT XI, 4). A luz obedece, pois, às leis da natureza, com quase as mesmas propriedades que o movimento dos corpos.

** A explicação das propriedades geométricas da luz passa, na *Dióptrica*, pelo uso de três comparações. A propriedade de instantaneidade de transmissão, cuja falsidade será estabelecida posteriormente pela medida da velocidade da luz (Römer), é concebida com base no exemplo da simultaneidade dos movimentos das extremidades do bastão de um cego. Descartes concebe a ação tida como luz como a *tendência ao movimento* de um meio absolutamente rígido, tendência que se comunica instantaneamente da fonte para o receptor. As propriedades ligadas à linearidade e à difusão esférica dos raios (conhecidas fazia muito tempo) são ilustradas pela comparação com o escoamento do suco de uva (líquido) numa cuba de vindima (meio entremeado de partes mais ou menos rígidas): as partes de líquido que escorrem tendem a ir em linha reta em todas as direções. São essas *tendências ao movimento* que Descartes denomina precisamente luz e não o movimento efetivo dos corpúsculos. Opõe-se, portanto, às ópticas da *emissão*, bem como às dos atomistas. As propriedades ligadas ao desvio dos raios são figuradas em comparação com o movimento idealizado da bola no jogo da pela. Desse modo, Descartes prova um resultado conhecido desde os gregos: a igualdade do ângulo de incidência e do ângulo de reflexão, e mostra sobretudo que, na refração, há uma proporção trigonométrica constante para todos os ângulos que depende de um coeficiente estabelecido empiricamente. Essa relação é conhecida pelo nome de *lei dos senos* (sen i = k sen r), mas Descartes nunca a denomina *lei* e só menciona a noção trigonométrica na correspondência (*a Mersenne*, junho de 1632, AT I, 255). Essa descoberta resolve o problema deixado sem resposta pelo maior óptico anterior a Descartes, Johannes Kepler. Quanto às propriedades cromáticas da luz, depois de uma tentativa relativamente infrutífera de concebê-las como diferenças de figuras geométricas (*Regra XII*), elas são definitivamente associadas no Discurso VIII dos *Meteoros* (*Do arco-íris*) à diferença de velocidade de giro dos corpúsculos em torno deles mesmos.

*** A função da luz na física é tão importante que Descartes remete as propriedades dos elementos que ele distingue — o fogo, o ar e a terra — respectivamente ao luminoso, ao transparente e ao opaco.

Luz natural Ver Razão
Fr.: *Lumière naturelle*

Matemática
Lat.: *Mathematica, mathesis* – Fr.: *Mathématiques*

* A matemática fornece a Descartes um exemplo, senão o único exemplo disponível no campo do saber, de conhecimento certo e evidente: de certo modo, ela aplica espontaneamente os atos do entendimento não passíveis de erro, a intuição e a dedução e organiza o tratamento das questões segundo um encadeamento ordenado de proposições. Porém, esse apoio na matemática vem acompanhado de profundos remanejamentos da sua noção: generalização e fundação (*mathesis universalis*), técnicas de escrita (simbolismo da álgebra moderna), deslocamento de seu objeto (em relação à física).

** O interesse confesso de Descartes desde o colégio pelas matérias tradicionais da matemática (aritmética, geometria) é acrescido de modo precoce por um esforço de reforma radical e de modernização que desemboca numa obra considerável, a *Geometria*. Em 1619, Descartes revela seu projeto de uma "ciência com novos fundamentos, que permita resolver em geral todas as questões que possam ser propostas em qualquer tipo de quantidade, tanto contínua como descontínua, mas cada uma segundo sua natureza" (*a Beeckman*, 26 de março de 1619, AT X, 157), a partir de uma teoria das equações formuladas segundo a escrita tradicional (o cóssico). Outro grau de generalização será alcançado no conceito de *mathesis universalis*, "ciência geral que explica tudo o que é possível pesquisar no tocante à ordem e à medida" (*Regra IV*, AT X, 378): essa ciência se estenderá à aritmética e à geometria, mas também à astronomia, à música, à óptica, à mecânica etc. Posteriormente, Descartes não evocará mais essa *mathesis universalis*; contudo, a ideia dessa *mathesis* preside a uma considerável reforma.

A inovação cartesiana decorre, primeiro, da instituição, na análise, de um procedimento de representação das equações que denomina x, y, z etc. as quantidades desconhecidas (seja qual for sua natureza), a, b, c as quantidades conhecidas, e que indica a potência de uma quantidade por meio de um expoente colocado à direita e acima da quantidade que ele afeta (por exemplo $2a^3$). A vantagem desse cálculo está em tornar imediatamente manifesto o grau de uma equação, além de simplificar consideravelmente a leitura, em comparação com as escritas anteriores (cf. *Discurso* II, AT VI, 18). Assim, reduzindo o conjunto das operações geométricas de cálculo dos "lugares" a procedimentos simples, pode-se utilizar as quatro operações da aritmética e a extração das raízes quadradas para "usar números em geometria" (*Geom.*, AT VI, 371). Logo, a finalidade primeira dessa matemática é "destrinçar" as expressões e as equações complexas.

Descartes se afasta assim do pensamento matemático habitual de duas maneiras, no método e no campo dos objetos. No *método*, ele privilegia a análise, a saber, o exame das condições de resolução de um problema considerado resolvido. Nesse sentido é que o método dos textos metafísicos tem certo parentesco com esse procedimento, que se opõe à exposição "sintética" por definições, axiomas e postulados encontrada sobretudo no *corpus* euclidiano e que Descartes quase nunca usa (nem em matemática, nem em metafísica, salvo a pedido de Mersenne: cf. *II Resp.*, AT IX, 121 ss.). Do ponto de vista dos *objetos*, os textos metafísicos também modificam consideravelmente uma outra noção tradicional, a de *mathesis pura e abstrata* (*Med*. V). A articulação da matemática pura com a física, bem como sua fundamentação metafísica, levam de fato Descartes a substituir o par tradicional *número* e *figura*, objetos antigos da *mathesis* pura pelo da *figura* e do *movimento*. A quantidade descontínua (o número) e a quantidade contínua (a figura) já não estão situadas no mesmo plano ontológico, na medida em que o número é, como os universais, uma ferramenta mental, ao passo que a figura (com o movimento, também ele integrado à *mathesis* pura) é um modo das coisas. Isso leva a afirmar que a física e a *mathesis* consideram o mesmo objeto, mas uma o entende como real e a outra, como possível (*Conv. Burm.*, AT V, 160).

*** A natureza da *mathesis universalis* cartesiana ainda hoje é discutida, algumas interpretações assimilando-a a uma técnica matemática abandonada em seguida, outras ao método no que ele tem de mais geral (não limitado à matemática) ou ao conhecimento do objeto em geral na medida em que ele é pensável (ontologia formal). O certo é que os matemáticos contemporâneos de Descartes assimilaram a *mathesis universalis* à aplicação das regras da aritmética a todos os problemas de matemática e a seu tratamento geral por meio de equações.

Medicina
Fr.: *Médecine*

* A medicina, junto com a mecânica e a moral, é um dos ramos da árvore das ciências oriundas da física (Carta-Prefácio dos *Princípios*, AT IX-B, 2). Seu objetivo é não só a prevenção e a cura das doenças, mas também "retardar o curso da velhice" (*Descr. do corpo h.*, AT XI, 223). A constituição de uma medicina "fundamentada em demonstrações infalíveis" foi um projeto constante de Descartes, ao menos a partir de 1630 (*a Mersenne*, janeiro de 1630, AT I, 106; ver *a Newcastle*, outubro de 1645, AT IV, 329), que no entanto não se realizou.

** O *Discurso* mostra que um dos interesses da filosofia "prática", fundamentada no conhecimento das ações dos corpos naturais, é, mais que proporcionar instrumentos e facilidades técnicas, favorecer "a conservação da saúde, que é sem dúvida o primeiro bem e o fundamento de todos os outros bens desta vida". Com efeito, "mesmo a mente depende tanto do temperamento e da disposição dos órgãos do corpo, que, se for possível encontrar algum meio de tornar os homens comumente mais sábios e mais hábeis do que são, creio que é na medicina que se deve buscar" (AT VI, 62). Na medicina, mas sem dúvida não entre os médicos daquele tempo, de quem Descartes muitas vezes faz pouco-caso.

A "verdadeira medicina" depende da verdadeira fisiologia, que situa o "princípio de vida" no calor que habita o coração e submete sem restrição a circulação dos "humores" às regras gerais da mecânica, casos particulares das leis da natureza. A noção de doença não é objeto em Descartes de nenhum texto realmente circunstanciado. Descartes, contudo, menciona algumas delas e às vezes propõe uma etiologia e uma terapêutica. Em todos os casos, as doenças são estados e não substâncias (*a Regius*, 1641, AT III, 456-457) e de forma nenhuma constituem exceções às leis gerais da natureza – um relógio malfeito segue as leis tanto quanto um outro em bom estado de funcionamento. Assim, a doença é um desregramento apenas com relação a um corpo singular, e a naturalidade da doença possibilita o princípio de uma cura ela mesma totalmente fundamentada nas propriedades físicas dos corpos: "a medicina, as mecânicas e, de modo geral, todas as artes a que o conhecimento da física pode servir não têm outro fim senão aplicar tanto alguns corpos sensíveis uns aos outros que, em consequência das causas naturais, alguns efeitos sensíveis se produzam" (*Princípios* IV, 204). Também o envelhecimento é explicado por causas mecânicas (endurecimento dos filetes que compõem as partes sólidas do corpo, impedindo o crescimento e até a nutrição: *O homem*, AT XI, 126; *Descr. do corpo h.*, AT XI, 250). A morte nunca está ligada à alma como tal, mas é apanágio exclusivamente do corpo, que "muda de figura" (*I Resp.*, AT IX 1, 120), como um relógio quebrado ou que perdeu as molas (*Paixões*, art. 6). Um corpo recupera a saúde quando seu equilíbrio geral, que depende de fatores externos (clima, alimentação) ou internos (paixões), é restaurado ou o elemento perturbador é eliminado.

*** Há quem considere que Descartes, nos trabalhos de moral do último período, desloque para esta as esperanças frustradas pela dificuldade em constituir uma medicina científica. Contudo, essa própria moral, como conjunto de pensamentos, tem um papel decisivo na conservação da saúde e participa, portanto, a seu modo da medicina: "Não conheço nenhum pensamento mais próprio para a conservação da saúde que aquele que consiste numa forte persuasão e firme crença de que a arquitetura de nossos corpos é tão boa que, uma vez que se está saudável, não se pode adoecer facilmente, a não ser que se cometa algum excesso notável ou que o ar ou as outras causas externas nos prejudiquem; e que, tendo uma doença, podemos facilmente nos recuperar apenas pela força da natureza, principalmente quando ainda somos jovens" (*a Elisabeth*, julho de 1644, AT V, 66).

Metafísica

Lat.: *Metaphysica* – Fr.: *Métaphysique*

* Primeira parte da filosofia, a metafísica "contém os princípios do conhecimento", entre os quais estão "a explicação dos principais atributos de Deus", a "da imaterialidade de nossas almas" e a "de todas as noções claras e simples que existem em nós" (Carta-Prefácio dos *Princípios*). Chama-se também e sem dúvida mais propriamente *filosofia primeira*, porque se estende "a todas as primeiras coisas que se pode conhecer filosofando" (*a Mersenne*, 11 de novembro de 1640).

** Como tampouco fez com as outras ciências, Descartes não se preocupou em dar da metafísica uma definição formal. Porque a metafísica se define menos por seu objeto que por sua operação: ela é instauração definitiva dos princípios do conhecimento, ou seja, simultaneamente redescoberta das "primeiras noções" a partir das quais todo o nosso conhecimento se edifica, e reconhecimento das condições sob as quais uma verdadeira ciência é possível. Um certo conhecimento da realidade material compete à metafísica tanto quanto o conhecimento da mente: é na primeira parte da filosofia que se deve aprender a distinguir a noção clara e distinta que temos do corpo (da "natureza corporal") desse conhecimento confuso que depende apenas dos sentidos. Mas essa própria distinção é obra do entendimento puro e apanágio de uma mente que conseguiu se separar dos sentidos para se interessar apenas pelas noções que encontra nela mesma. Na medida em que somente o conhecimento metafísico é puramente intelectual, os objetos desse conhecimento são sempre em certo sentido imateriais ("as coisas imateriais ou metafísicas": *II Resp.*, 1). Quanto a essas "primeiras coisas que se pode conhecer filosofando com ordem", não será nem necessário nem judicioso, nem sem dúvida possível fornecer uma lista completa delas. Contudo, certamente cabe à metafísica reconhecer como tais os três tipos de realidades ou substâncias que podemos conhecer, estudar suas propriedades, suas distinções e suas relações e determinar o que de cada uma pode ser conhecido. Entre essas realidades está a alma com suas faculdades, das quais é preciso poder discernir o bom ou o mau uso (que conduz à verdadeira ciência ou ao erro), e suas ideias, das quais é preciso poder determinar quais são distintas e quais são confusas. Tudo isso, no entanto, não se cristaliza em nenhuma ciência de tipo escolástico. Através da especificação dos conceitos, trata-se sempre de iniciar e aperfeiçoar uma *experiência*.

*** Descartes gaba-se de ter dado à filosofia princípios perfeitamente claros e simples. Isso não faz da metafísica uma disciplina fácil. Descartes insiste constantemente na forma de ascese necessária para "separar sua mente dos sentidos" e para se livrar de todo tipo de preconceito; poucos espíritos são capazes disso e, ainda que se possa progredir nessa ascese, a dificuldade desse conhecimento não está destinada a desaparecer de todo. Contudo, não se trata de fazer das meditações de metafísica a principal ocupação da mente. Confiante nas certezas adquiridas, o sujeito da *Sexta meditação* pode voltar para o mundo dos corpos; e Descartes dirá a Elisabeth só ter dedicado à metafísica "algumas horas por ano" (28 de junho de 1643, AT III, 692; cf. também *Conv. Burm.*, AT V, 165). A primeira parte da filosofia é evidentemente a mais importante na medida em que contém todos os fundamentos sobre os quais serão construídas as seguintes. Mas evidentemente também, ela é só a primeira, que não faria sentido querer cultivar por si só.

Método e ordem
Fr.: *Méthode et ordre*

* "O que entendo [...] por método são regras certas e fáceis, pela observação exata das quais ter-se-á certeza de nunca tomar um erro por uma verdade e, sem nisso despender inutilmente as forças da própria mente, mas aumentando o saber por um progresso contínuo, atingir o conhecimento verdadeiro de tudo o que se for capaz" (*Reg. IV*, AT II, 371-372). O método define os atos intelectuais produtores de ciência e as ajudas que o entendimento pode receber das outras faculdades; ele deve, sobretudo, tornar a mente capaz de determinar a cada vez a melhor ordem para suas próprias operações – ordem na qual "as coisas primeiro propostas" serão "conhecidas sem a ajuda das seguintes", e as seguintes, "demonstradas apenas pelas coisas que as precedem" (*II Resp.*, AT VII, 121).

** O método que Descartes aplica precocemente nos trabalhos científicos e que o torna conhecido no mundo científico a partir de 1626 é um método mais de *invenção* que de exposição, que se apoia em operações intelectuais não passíveis de erro (intuição e dedução) sem explicá-las e decompõe as questões segundo seu grau de dificuldade, a partir de uma identificação das "naturezas simples" às quais elas se remetem e das relações que seus termos envolvem. Esse método, nascido de uma reflexão sobre as questões de matemática pura ou aplicada, é teorizado nas *Regras para a orientação do espírito* e resumido no *Discurso do método* (parte II). Deve tornar caducas as dialéticas da escolástica e da filosofia do Renascimento. Todavia, nem no *Discurso* (que não pretendeu "ensinar" o método, apenas "dizer algo a respeito dele": *a Mersenne*, fim de maio de 1637), nem em outros escritos, a unidade e a natureza do método cartesiano se deixam apreciar de maneira fácil e direta – o *Oitavo discurso* dos *meteoros*, dedicado à famosa questão do arco-íris, constitui a única "amostra" completa que Descartes quis por bem fornecer. Ao escrever que o método "consiste mais em prática que em teoria" (*a Mersenne*, 27 de fevereiro de 1637), Descartes sem dúvida reconheceu a extrema dificuldade de uma expressão exata e orgânica da reflexão da mente sobre seus próprios procedimentos.

*** Em contrapartida, todos os escritos cartesianos ilustram a *ordem*, notadamente como *ordem das razões*, que vai do mais fácil para o mais difícil, e distinta de uma ordem convencional das *matérias* (*a Mersenne*, 24 de dezembro de 1640, AT III, 267). Esta última distinção não deve ser confundida com aquela entre análise e síntese, consideradas pelas *Segundas respostas* (AT IX, 121 ss.) duas "maneiras de demonstrar", uma coincidindo com a "verdadeira via" da invenção, a outra com uma recomposição didática dos elementos e das etapas da dedução. A preferência declarada de Descartes pela *análise* não impede a própria síntese de respeitar uma ordem que absolutamente não é extrínseca.

Moral
Lat.: *Ethica* – Fr.: *Morale*

* A moral, que nos ensina nossos deveres "nesta vida", não pertence de todo ao campo da filosofia. Os costumes, a religião e as leis nos indicam, cada um à sua maneira, como devemos nos comportar na sociedade de nossos semelhantes e fornecem às noções naturais que temos do bem e do mal um grau superior de especificação, às vezes arbitrário, mas muitas vezes conforme à razão (*a Elisabeth*, janeiro de 1646). Portanto, quem começa a filosofar não precisa inventar logo de início para si mesmo todo um modo de se comportar, nem, aliás, se interrogar sobre sua própria honestidade: precisa apenas refletir sobre as máximas, que lhe evitarão, na medida do possível, erros, lamentos e arrependimentos (*Discurso* III). Isso não significa que ele possa se satisfazer com uma "moral provisória". Como indica a Carta-Prefácio dos *Princípios*, a "perfeição da vida", ou seja, também da conduta, é o objeto supremo da filosofia, o que faz da "mais elevada e mais perfeita moral" o coroamento de todo o conhecimento filosófico.

** A necessidade de reflexão e de prescrição moral não surge em Descartes de algum tormento ligado à corrupção de nossa natureza: em comparação com o quadro agostiniano de uma humanidade submetida ao pecado e à concupiscência, o ponto de vista cartesiano se caracteriza por sua serenidade. Existem decerto almas fracas que se deixam "continuamente levar pelas paixões presentes", mas não é o caso da maioria dos homens, que em geral se comportam de acordo com certos juízos determinados (*Paixões*, art. 49). E, para mostrar a possibilidade de um bom uso do livre-arbítrio, existem almas nobres e fortes, que precisamente resolveram conduzir suas vidas segundo certos "juízos firmes e determinados relativos ao conhecimento do bem e do mal" (*ibid.*, art. 48). É à fixação o mais refletida possível desses juízos que a filosofia moral se dedica. Para além da "moral provisória" que é preciso ter para "viver comodamente" enquanto se sai em busca da verdade das coisas (*Discurso* III), esses juízos concernirão essencialmente ao soberano bem e às condições da "beatitude natural" (*a Elisabeth*, 4 de agosto de 1645), à definição da boa maneira de agir e do bom "uso" das paixões. São os mesmos juízos que fundamentarão, no plano intelectual, a forma mais autêntica e universal da virtude que é a generosidade, na definição da qual todos os princípios da moral cartesiana acham-se de certo modo coordenados.

*** Na Carta-Prefácio dos *Princípios* (1647), a "mais elevada e mais perfeita moral", "último grau da sabedoria", "pressupondo todo um conhecimento das outras ciências", aparece como um ideal inacessível no estado atual do conhecimento filosófico. Por isso, muitos intérpretes viram na moral "definitiva" de Descartes uma renúncia a essa perfeição. Contudo, Descartes garantiu a Chanut (15 de junho de 1646) ter encontrado, graças à sua física, "fundamentos certos na moral"; e pode-se imaginar que, assim como o método (cf. *a Mersenne*, 27 de fevereiro de 1637), a "perfeita moral" imaginada consiste "mais em prática que em teoria". Nesse caso, não é nada impossível que, nos seus últimos anos, Descartes tenha tomado consciência de levar a moral a seu máximo de perfeição.

Movimento
Fr.: *Mouvement*

* O movimento, junto com a figura, é um dos dois modos da extensão, atributo principal da substância corporal. Contrariamente a Aristóteles e aos escolásticos, Descartes entende por movimento apenas a mudança de lugar, isto é, o movimento local. As três leis da natureza formulam os princípios universais de sua conservação: um corpo entregue a si mesmo num espaço vazio não muda espontaneamente de velocidade nem de direção e, no encontro com um outro corpo, ele lhe comunica o mesmo tanto de movimento que perde. Todas as mudanças físicas são, portanto, o resultado de um choque, de um impulso, ao passo que – Deus, que pôs o movimento na matéria, sendo imutável – a quantidade de movimento e de repouso permanece globalmente constante no universo.

** Como a física escolástica, a física cartesiana é ciência do movimento. Todavia, as alterações operadas na definição e na extensão do conceito são muito grandes e marcam, em grande parte, o nascimento da física moderna. Na física aristotélica, o movimento é essencialmente aquisição de formas e é concebido segundo o *lugar*, mas também segundo a *quantidade* (aumento e diminuição) e a *qualidade* (alteração, por exemplo, de movimento para calor), sem mudança de lugar. Descartes reduz o conjunto desses movimentos concebidos como não locais a efeitos do movimento local das partículas que compõem os corpos. A própria noção do movimento é uma "natureza simples", autoexplicativa – anteriormente à noção de linha, já que a geometria pode definir esta última pelo movimento de um ponto (*Mundo*, AT XI, 39). Os *Princípios* (II, 24 e 25) distinguem contudo o movimento segundo "o uso comum" e o movimento "segundo a verdade". O primeiro é "a ação pela qual um corpo passa de um lugar para outro". Essa mudança de lugar é sempre relativa a uma referência supostamente imóvel. Sentado na popa, o passageiro do barco que se afasta do porto está imóvel em relação ao navio, mas em movimento em relação à costa: assim, o estado de mobilidade ou imobilidade de um corpo é ele mesmo relativo e indeterminado. Essa indeterminação é em parte suprimida (mas não a relatividade do movimento) na definição do movimento "segundo a verdade": "o transporte de uma parte da matéria ou de um corpo da vizinhança daqueles que o tocam imediatamente, e que consideramos em repouso, para a vizinhança de outros".

*** As *leis do movimento* são expostas de modo bastante semelhante, quase na mesma ordem, em o *Mundo* (cap. VII) e nos *Princípios* (II). Neste último, Descartes estabelece (a) que um corpo "permanece no estado em que está enquanto nada o mudar": é o caso, em particular, do corpo posto em movimento, que só muda de movimento se encontrar obstáculos (art. 37). (b) O corpo conserva sua direção, isto é, "tende a continuar seu movimento em linha reta" (art. 38). A reunião dessas duas leis (*a Huygens*, 18 ou 19 de fevereiro de 1646, AT

61

III, 619) forma o que depois de Descartes é chamado princípio de inércia. (c) A terceira lei indica que, "se um corpo encontra um outro mais forte que ele, nada perde de seu movimento, e, se encontra um mais frágil, perde o mesmo tanto que dá" (art. 40). Descartes distribui essa lei em sete regras do choque, examinando as mudanças ocorridas no encontro dos corpos em função dos dados iniciais (repouso ou movimento dos corpos, grandeza respectiva de cada um). A falsidade de seis das regras do choque foi estabelecida pouco depois da morte de Descartes, notadamente por Christian Huygens e por Leibniz. Note-se, contudo, que essas regras (como as próprias leis do movimento) são propostas dentro de um quadro teórico que nem a experiência nem os próprios princípios da física de Descartes podem satisfazer: Descartes supõe nas duas primeiras leis o deslocamento de um corpo no vácuo e, na última, o encontro, ainda no vácuo, de dois corpos perfeitamente elásticos, no sentido atual do termo. No mundo físico real, que para Descartes é sempre pleno, o deslocamento de um corpo provoca sempre à sua volta um anel de matéria, e, nesse sentido, todo movimento é de certo modo circular (art. 33).

Mundo
Fr.: *Monde*

* O mundo é, na sua acepção mais geral, "a matéria extensa que compõe o universo, *substantiae corporeae universitas*" (*Princípios* II, 21). Ele não se identifica exatamente com a natureza. A natureza cartesiana é conhecida em princípios muito gerais (em particular, as três leis de conservação do movimento e a distinção entre corpos sólidos e fluidos). Faltam um elemento experimental e hipóteses teóricas para passar do conhecimento geral da natureza para o do universo particular em que essas leis se exercem – o "verdadeiro mundo" ou o mundo visível.

** A concepção da matéria como pura substância extensa traz consigo, na teoria cartesiana do mundo, um certo número de consequências que foram expostas, depois de *O mundo*, na segunda parte dos *Princípios*. Toda parte de matéria é indefinidamente divisível (art. 20); a extensão do mundo é indefinida (art. 21); a terra e os céus sendo feitos de uma mesma matéria, não poderia haver vários mundos (art. 22). A partir daí, há completa identidade entre as noções de mundo e de universo, e o sistema composto pela terra, pelo sol e pelos planetas visíveis não goza de nenhum privilégio nem de nenhuma centralidade particular. Cada estrela é considerada por Descartes um sol, acompanhado de um conjunto de planetas que giram no seu céu, supostamente líquido (*Princípios* III, 46, e IV, 206): elas são arrastadas por um turbilhão de matéria tal como pequenos corpos sólidos num balde onde se gira a água com um pau. Os cometas são astros feitos dos mesmos elementos que os planetas e que passam de um sistema para outro. A distribuição sol/céu/planetas e cometas corresponde aos três elementos (luminoso/transparente/opaco), segundo os quais a matéria se distribui em função apenas do movimento e das divisões que ele impõe aos corpos. Mas, se os princípios gerais da natureza são derivados por Descartes das leis de conservação do movimento, elas mesmas apoiadas na imutabilidade divina, o estudo do mundo visível necessita do exame das aparências celestes, na medida em que é impossível deduzir a forma do mundo real a partir dos princípios, e não a de uma infinidade de outros, igualmente dedutíveis (*Princípios* III, art. 4).

*** Descartes confrontou sua cosmologia com as três hipóteses astronômicas cultivadas no começo do século XVII: o geocentrismo de Ptolomeu (hipótese cuja validade ainda era aceita pela Igreja católica, notadamente por ocasião do processo contra Galileu), o heliocentrismo copernicano e o sistema misto de Tycho Brahe. Para Descartes, o sol é sempre o centro de um sistema de planetas, mas de forma nenhuma o centro do universo, cuja grandeza é indefinida (o que constitui um argumento moral contra a presunção do homem: *a Elisabeth*, 15 de setembro de 1645, AT IV, 293). Por outro lado, a distinção entre a definição do movimento "segundo o uso comum" e "segundo a verdade" permite a Descartes afirmar, sem discordar dos sistemas não geocêntricos, que a terra não se move

(*Princípios* III, art. 26 a 28; *a* ***, 1644, AT V, 550), porque ela não se move em relação ao céu líquido que a transporta.

Natureza

Lat.: *Natura* – Fr.: *Nature*

* Entendida absolutamente, a natureza (às vezes escrita Natureza) é assimilada à matéria, tal como foi criada, conservada e ordenada por Deus por três leis, e na medida em que é inteligível pela ideia da extensão geométrica com a ajuda da figura e do movimento.

** "Saibam portanto, primeiramente, que por Natureza não entendo aqui alguma Deusa ou qualquer outro tipo de poder imaginário, mas que me sirvo dessa palavra para significar a própria Matéria na medida em que a considero com todas as qualidades que lhe atribuí compreendidas todas juntas, e na condição de que Deus continue a conservá-la da mesma maneira que ele a criou. Pois, apenas do fato de que ele continue assim a conservá-la, segue-se por necessidade que deve haver várias mudanças em suas partes que, não podendo, parece-me, ser propriamente atribuídas à ação de Deus, porque ela não muda, eu as atribuo à Natureza; e as regras segundo as quais essas mudanças se dão, eu as denomino leis da Natureza" (*O mundo*, cap. VII, AT XI, 36-37). Essas leis do movimento fazem parte das verdades eternas e imutáveis, cuja publicação Descartes anuncia na sua física (*a Mersenne*, 15 de abril de 1630, AT I, 145), e podem ser comparadas assim às verdades da matemática.

*** As *Meditações* parecem minorar a diferença entre Deus e natureza: "Por natureza, considerada em geral, nada mais entendo senão Deus ele mesmo, ou então a ordem e a disposição que Deus estabeleceu nas coisas criadas" (*Med*. VI, AT IX, 64; ver também *a Reneri para Pollot*, abril de 1638, AT II, 41). Esse equívoco lembra precisamente aquele que levou os comentadores de Aristóteles a distinguirem natureza naturante e natureza naturada.

Natureza (instituição da -) Ver *União entre corpo e alma*
Fr.: *Nature (institution de la -)*

Naturezas simples
Lat.: *Naturae simplices* – Fr.: *Natures simples*

* As *Regulae* (notadamente VIII e XII) denominam "naturezas simples" os elementos fundamentais de nosso conhecimento das coisas. São as naturezas simples (conhecidas em si mesmas, por intuição) e suas relações (a serem deduzidas) que se tornam, assim, objetos da ciência. E nada mais podemos conhecer realmente senão essas naturezas simples e sua mistura ou composição (*Regra XII*, AT X, 422).

** A teoria das naturezas simples convida (em parte na esteira de F. Bacon, *Novum Organum*, II, 5 ss.) à decomposição dos elementos intelectuais empregados para conhecer distintamente alguma coisa. Assim, segundo a *Regra XII* (AT X, 418), um corpo extenso e figurado é em si mesmo uma coisa "una e simples", mas, "em relação ao nosso entendimento", nós o consideramos composto de natureza corporal, de extensão e de figura. Essas noções são "simples" na medida em que não podem ser elas mesmas divididas, mas são objeto de uma compreensão separada. Em contrapartida, essas naturezas não podem existir em estado isolado: por exemplo, a figura não pode se dar concretamente sem a extensão ou a natureza corporal. A natureza simples é, portanto, um elemento intelectual, e não uma coisa como um átomo ou um corpúsculo presente no corpo concreto. Descartes distingue três gêneros de naturezas simples: (a) puramente intelectuais; (b) puramente materiais; (c) comuns aos corpos e aos espíritos (por exemplo, a existência, a duração e a unidade).

*** Com uma exceção (*Conv. Burm.*, AT V, 160), a problemática das "naturezas simples" é própria das *Regulae*. Mas encontra sua continuação direta na distinção das *noções simples* que compõem nossos pensamentos (*Princípios* I, 47-49) e na das três "noções primitivas" que são "como originais com base em cujo molde formamos todos os nossos outros conhecimentos": são, para o corpo, "a noção de extensão, da qual seguem-se a da figura e a do movimento"; para a alma, "a do pensamento, na qual estão compreendidas as percepções do entendimento e as inclinações da vontade"; e, "para a alma e o corpo juntos", a da união deles, "da qual depende a da força que a alma tem de mover o corpo e o corpo de agir sobre a alma" (*a Elisabeth*, 21 de maio de 1643, AT III, 665). Deve-se evitar, contudo, confundir as naturezas simples comuns, que Descartes assimilará aos universais, com as noções que dependem da união entre corpo e alma. Um equivalente dessas "naturezas simples" será, por outro lado, fornecido na teoria das paixões, com o sistema das seis paixões "primitivas".

Noções primitivas Ver *Naturezas simples*
Fr.: *Notions primitives*

Paixões
Lat.: *Passiones, affectus* – Fr.: *Passions*

* Em sentido amplo, todas as percepções da alma, sejam elas quais forem, são em relação a ela paixões: para cada uma, a alma tem de lidar com um certo dado que a afeta e que ela deve registrar. Em sentido estrito, são chamadas *paixões da alma* as percepções que constituem nela verdadeiras emoções, associadas a "emoções" fisiológicas (modificações cardiovasculares e fenômenos correlativos, de ordem orgânica ou motora). Segundo Descartes, essas paixões são as repercussões na alma dessas emoções fisiológicas, também observadas nos animais. É possível explicar sua função natural e adquirir sobre elas um conhecimento detalhado que facilitará seu controle.

** Na sua definição escolástica, as paixões são os "movimentos" de uma parte da alma, o apetite sensitivo, ligados à "apreensão" de um certo bem ou de um certo mal e aos quais correspondem naturalmente certas alterações fisiológicas. A teoria cartesiana inverte essa perspectiva: na medida em que sou "eu, ou seja, minha alma" que ama, que deseja, que teme etc., pode-se bem dizer das paixões que elas "têm relação com a alma" (*Paixões*, art. 25). Mas o que nelas há de irracional não pode provir da própria alma; tem de depender do corpo, "somente a ele se deve atribuir tudo o que notamos em nós que repugna à nossa razão" (*ibid.*, art. 47). Logo, de que decorre que uma paixão nos tome de modo irreprimível? Do fato de que nosso corpo reage por si só ante certos objetos ou ante a formação de certas impressões no cérebro, e que ele precede a reação da alma comunicando-lhe seu próprio estado (por intermédio da glândula pineal e do movimento intracerebral dos "espíritos animais"). As paixões são, portanto, (art. 27) "percepções, sentimentos ou emoções da alma que relacionamos particularmente com elas e que são causadas, mantidas e fortalecidas por certos movimentos dos espíritos".

*** O fato de que o corpo comunique à alma suas reações e sua disposição interna remonta à vida pré-natal, durante a qual a alimentação do "calor cardíaco" deu lugar a nossas primeiras paixões de alegria, de amor, de tristeza e de ódio (*Paixões*, art. 107 a 110; *a Chanut*, 1º de fevereiro de 1647). Em seguida, todas as causas aparentes de prazer e de dor tornaram-se objeto de paixão, bem como tudo o que nossa memória ou nossa imaginação associaram a seu efeito. Numa primeira abordagem, portanto, "todas as paixões reportam-se ao corpo" e têm como função "incitar a alma a consentir com e contribuir para as ações que possam servir para conservar o corpo ou torná-lo de alguma forma mais perfeito" (*Paixões*, art. 137). Essa relação das paixões com o interesse do corpo deve, contudo, ser relativizada. Por um lado, é para nós objeto de paixão não só o que parece nos prejudicar ou favorecer, mas tudo o que nos *surpreende* por sua novidade ou seu caráter extraordinário. Portanto, às mais simples paixões que têm como objeto o bem ou o mal (amor, ódio, desejo, alegria e tristeza), deve-se agregar uma sexta paixão "primitiva", a admiração (o espanto), que, de certa forma, é "a primeira de todas" (art. 53), já que, "se o objeto que se apresenta nada tem em si que nos surpreenda, não ficamos nada comovidos". Por outro lado, se o corpo tem seus alimentos, seus bens e seus males, a alma também tem os seus, que – a solidariedade entre as emoções da alma e dos movimentos corporais operando, assim, na outra direção – desencadearão reações do mesmo tipo. De fato, embora algumas de nossas mais fortes paixões se refiram a objetos dos sentidos (apreendidos como perigosos ou saboreados como deliciosos), outras irão se referir, de modo característico, à nossa apreciação de nossa própria conduta ou da de outrem. A estima e o desprezo, relacionados com a admiração e que incidem sobre o que nos parece "grande" ou "pequeno" (art. 54), contam-se, nesse sentido, entre as paixões mais estruturantes para a vida afetiva.

Note-se, por fim, que Descartes conserva uma dualidade herdada dos estoicos entre as emoções da alma que são propriamente passionais ou "sensitivas" e outras emoções que serão "puramente intelectuais" ou "racionais" (cf. *Paixões*, art. 79 e 94; e *a Chanut*, 1º. de fevereiro de 1647). Essas emoções correspondem aos simples juízos que a alma faz sobre as coisas "que nos importam" e são desprovidas de dimensão fisiológica. Na vida afetiva e moral do homem, esse desdobramento da afetividade é absolutamente estruturante: nossas próprias paixões (e nossas ações) dão lugar a "emoções internas da alma" (essencialmente de alegria ou de tristeza); e, na medida em que "nos tocam mais de perto que as paixões" (art. 148), cumprirá dizer que dessas emoções é que "dependem principalmente nosso bem e nosso mal" (art. 147).

Pensamento
Lat.: *Cogitatio* – Fr.: *Pensée*

* Atributo principal da alma ou mente, o pensamento define-se em Descartes de modo bem amplo. Segundo dois textos formais (*Exp. geom.*, def. 1; *Princípios* I, art. 9), podemos chamar pensamento tudo o que é ou se faz em nós de tal forma que ficamos "imediatamente conscientes disso". Por isso contam-se entre os modos ou formas *de pensar* (*modi cogitandi*) não só as operações do entendimento e da vontade, mas também as representações da imaginação e as percepções dos sentidos.

** Nessa extensão da noção de pensamento, a intelecção pura dista de perder seu privilégio: se, de fato, todos os tipos de pensamento têm em comum ser objeto de uma espécie de apercepção interior e imediata, essa apercepção, a respeito da qual se falará mais tarde em termos de *consciência* ou *autoconsciência*, nada mais é senão uma intelecção pura (cf., sobre o exemplo do sonho, *V Resp.*, II, VII). Mas, se, dada essa reflexividade interna ao pensamento, "nada pode se produzir em nossa alma de que não tenhamos algum conhecimento atual", isso absolutamente não significa que cada um de nossos pensamentos seja objeto da mais clara consciência. O recém-nascido ou mesmo o feto (já que a união de uma alma com o corpo humano ocorre antes mesmo do nascimento) é sujeito de percepções sensíveis, mas evidentemente não consegue definir suas próprias percepções nem distingui-las entre si; nesse sentido, seus pensamentos são "diretos" e não "refletidos" (*a Arnauld*, 29 de julho de 1648, pt 2). Contudo, de alguma forma muita confusa, é preciso que ele se sinta assujeitado a essas percepções. Evidentemente, é levando em conta essas variações na qualidade da consciência que se pode atribuir a Descartes que "a alma sempre pensa": o que não quer dizer nem que ela está sempre ocupada refletindo, nem que ela sempre se lembra do que pensou, apenas que ela nunca é sem alguma percepção ou sem alguma apetição mais ou menos marcada.

Percepção Ver *Entendimento, Sentido*
Fr.: *Perception*

Preconceito
Lat.: *Praejudicium* – Fr.: *Préjugé*

* A mente dos homens está geralmente cheia de preconceitos que os impedem de alcançar a verdade das coisas. Esses preconceitos, cujo império a "verdadeira filosofia" visará destruir, são em todos nós o contrário de juízos refletidos: são crenças que, sem percebermos, instalaram-se em nossas mentes, sem que seu conteúdo jamais tenha sido seriamente examinado.

Nossos preconceitos alimentam-se de várias fontes: formados essencialmente na primeira infância, mais se fortaleceram do que foram combatidos pelas palavras de "nossas amas" e pelo ensino de nossos mestres. Em vez de representar um antídoto para os "preconceitos da infância", uma filosofia mal instituída, como a de Aristóteles, é o mais precioso dos reforços.

** "Separar a mente dos sentidos" e se desfazer dos próprios preconceitos não são, no fundo, duas operações diferentes: a maioria desses preconceitos deve-se, com efeito, à autoridade que nossos sentidos tiveram sobre nós durante a infância, ou melhor, àquela que acreditamos dever lhes atribuir. Os dois mais fundamentais são:

(1) que toda coisa sensível existe tal como é sentida (a cor, o calor, o odor que sentimos residiria realmente no corpo ao qual a atribuímos); e

(2) que é real, por excelência, o que é visto ou sentido (tanto é que nos custa muito representar nossa alma ou Deus mesmo, fora de qualquer dimensão corporal).

Mas dois outros tipos de preconceitos também estruturam o modo ordinário de pensar; são eles:

(3) que, quando um corpo se move de maneira aparentemente espontânea, esse movimento se deve nele a um certo princípio de animação; por isso atribuímos aos animais uma alma sensitiva e uma espécie de pensamento, e mesmo os corpos do mundo circundante nos parecem dotados de "formas substanciais" ou de "qualidades reais", como o peso, que imaginamos neles como pequenas almas; e, enfim,

(4) que nós mesmos (que projetamos nas coisas externas não só as impressões de nossos sentidos, mas a composição de nosso ser próprio) ocupamos o centro do mundo (um mundo que imaginamos finito e esférico) e que somente nós constituímos o principal objeto da criação.

*** Desses quatro tipos de preconceito, a metafísica e a física cartesianas constituem uma "desconstrução" sistemática, cujo aspecto terapêutico lembra as antigas doutrinas gregas (estoicismo e epicurismo). Nossos preconceitos nos deixam entregues à inquietude, ao temor e à superstição: a busca da verdade, bem conduzida, dará ao contrário à mente uma total satisfação que é também uma tranquilidade perfeita. Reconhecer a Deus sua potência infinita, à alma sua incorporeidade, ao universo sua verdadeira natureza e sua extensão indefinida: nada é mais capaz de fazer com que estejamos "sempre dispostos a bem julgar" (*a Elisabeth*, 15 de setembro de 1645). Com esses princípios, a mente não adota maus hábitos: volta-se antes para si mesma, isto é, para a plenitude de sua atividade.

Razão

Lat.: *Ratio* – Fr.: *Raison*

* Chama-se razão, no homem, a potência de distinguir o falso do verdadeiro e de agir de acordo com essa percepção. Como simples capacidade de discernir o verdadeiro, a razão não se distingue do que Descartes chama de *bom senso (bona mens)*. Com a palavra *razão*, contudo, a ênfase é posta, (a) na percepção das consequências associadas a determinada proposição ou a determinada situação; (b) na relação do conhecimento com a prática.

** A razão não é no homem uma faculdade de mesmo estatuto que as outras. Aliás, ela não tem nem objetos determinados nem formas específicas de exercício. Não é apenas potência de raciocinar: as consequências, em Descartes, são menos *tiradas* que *percebidas*. E, embora nem todos os nossos atos e pensamentos sejam conformes à razão, cada um desses atos ou desses pensamentos implica um certo uso dela, que se notará no mais elementar conhecimento de nós mesmos e do que nos rodeia assim como em qualquer intenção prática ou expressiva minimamente pertinente (cf. *Discurso* V). O homem é dotado de razão por possuir em sua mente certas "sementes de verdades" (*Regra* IV) concernentes àquilo em que se deve crer ou ao que se deve fazer; melhor dizendo, pelo fato de que uma certa luz inata (*luz natural*) o faz apreender em cada tipo de questão algumas evidências. Mas, embora essa luz natural, que se aplica a tudo, faça da razão um "instrumento universal que pode servir em todo tipo de encontro" (*Discurso* V, AT VI, 57), a razão em nós não é um mero instrumento. Além de serem precisos anos para que o homem aprenda a dela se servir, com o que isso implica de hábito da reflexão e de variedade na experiência, é impossível dizer de qualquer homem que ele se serve *perfeitamente* de sua razão (em todas as coisas), a ponto de ter se tornado *perfeitamente* racional e sábio.

*** "Empenhar toda a [sua] vida em cultivar [sua] razão": essa fórmula não define somente a vocação pessoal de Descartes (*Discurso* III, AT VI, 27), mas o que, para ele, deveria ser a preocupação primeira de cada homem e, para cada um, a fonte dos maiores contentamentos (cf. *a Elisabeth*, 4 de agosto e 1º de setembro de 1645). Esse novo elogio da vida filosófica deve ser entendido sem intolerância ou crispação. No que concerne em particular às coisas que convém "receber em confiança", Descartes bem sabe que nem todas dão matéria para uma experiência direta nem para uma perfeita demonstração: muitas delas dependem do testemunho de outrem e algumas da revelação. Contudo, dever receber essas coisas como verdadeiras é algo que nossa própria razão nos deve indicar. Igualmente, na ordem prática, não se trata de podermos conduzir nossa vida apenas pelo uso do raciocínio, sem fazer intervir nossos sentimentos e nossas paixões. Mas podemos e devemos tornar essas paixões "sujeitas à razão", examinando aquilo a que nos conduzem; então, elas por vezes serão "tanto mais úteis quanto mais pende<rem> para o excesso" (*a Elisabeth*, 1º de setembro de 1645, AT IV, 287).

Sabedoria

Lat.: *Sapientia* – Fr.: *Sagesse*

* "Por sabedoria entendemos não só a prudência nos negócios, mas um perfeito conhecimento de todas as coisas que o homem pode saber, tanto para a condução de sua vida quanto para a conservação da saúde e a invenção de todas as artes;

e, para que esse conhecimento assim seja, é necessário que ele seja deduzido das primeiras causas", melhor dizendo, dos verdadeiros princípios aos quais todo o conhecimento humano pode ser reduzido (Carta-Prefácio dos *Princípios*, AT IX-B, 2).

** A sabedoria definida pela Carta-Prefácio constitui um estado final do conhecimento humano, que um dia poderia ser alcançado pela descoberta dos verdadeiros princípios da filosofia. Porém, para encontrar esses "verdadeiros princípios", certamente já se exige um alto grau de sabedoria. Para exprimir essa condição, Descartes evoca (p. 5) cinco graus na sabedoria: o primeiro é extraído das noções conhecidas por todos os homens; o segundo, da experiência sensível; o terceiro, da conversa dos outros homens; o quarto, da leitura dos bons livros, "espécie de conversa que mantemos com seus autores". Mas o quinto e último grau, aquele que os filósofos sempre buscaram, só é precisamente alcançado com os "verdadeiros princípios", que são muito claros e muito simples e foram "conhecidos desde sempre" (p. 10), mas não precisamente conhecidos *como tais*.

*** O conceito cartesiano de sabedoria é portanto extremamente complexo. A divisão dos cinco graus evoca bem claramente fatores de experiência e de cultura. Todavia, o mais importante para alcançar o quinto grau (e o termo desse grau, a saber, "a mais elevada e a mais perfeita moral" que constituirá "o último grau da sabedoria", p. 15) reside sem dúvida nessa forma primeira e universal da sabedoria que Descartes chamava desde a *Regra I* o *bom senso* (*bona mens, sive universalis sapientia*: AT X, 360) e que se aplica eletivamente às próprias operações da mente (na sua relação com seus objetos). Não se deve, contudo, opor muito estritamente o aspecto *natural* desse bom senso às conquistas de uma educação. Esse bom senso deve ele mesmo ser estudado e só pode sê-lo através de uma multiplicidade de experiências.

Sentido (sensação, sentimento)
Lat.: *Sensus, sensatio* – Fr.: *Sens (sensation, sentiment)*

* O sentido é uma função da união entre corpo e alma, que nos faz conhecer a disposição interior de nosso corpo e permite que nos orientemos entre os corpos que nos cercam (apreciando notadamente sua conveniência ou nocividade em relação a nós: *Med. VI*, AT IX, 66). Descartes associa aos cinco sentidos *externos* dois sentidos *internos*, que nos comunicam respectivamente nossos apetites e nossas paixões (*Princípios* IV, 189). Com a *vivacidade* que lhes é própria, nossos *sentimentos* (a palavra *sensation* não pertence ao vocabulário francês de Descartes) muitas vezes exercem sobre nossa vontade um certo "esforço": incitam e dispõem a alma a agir e a julgar de um certo modo. Embora as *qualidades sensíveis* (calor, odor, sabor etc.) não pertençam realmente aos objetos (que possuem apenas extensão, figura e movimento e só agem sobre nós mediante essas propriedades), os sentidos não podem ser ditos *enganosos*: cabe a nós fazer um uso prudente deles e reconhecer sua verdadeira função.

** Descartes não define o sentido: é um tipo de pensamento que conhecemos imediatamente como distinto da intelecção pura e da imaginação. Seu mecanismo causal pode, em contrapartida, ser descrito segundo *três graus* (cf. sobretudo *VI Resp.*, pt 9).

O *primeiro grau* ("o que os objetos externos causam imediatamente no órgão corporal") se reduz às operações puramente mecânicas que ligam os objetos sensíveis aos órgãos externos do corpo, e depois estes ao centro do cérebro (localizado na glândula pineal; ver *união entre corpo e alma*). Por exemplo, a luz (que é apenas uma tendência ao movimento da "matéria sutil") refletida pelos corpos provoca na retina e depois nos filetes do nervo óptico movimentos mais ou menos fortes de corpúsculos em rotação mais ou menos rápida sobre eles mesmos: disso resulta, por tração e abertura dos "poros" cerebrais, uma *impressão* particular na "superfície interna" do cérebro, que o movimento intracerebral dos espíritos animais transporta para a glândula pineal. O mesmo se dá aproximadamente no tocante aos objetos dos outros sentidos *externos* (audição, olfato, paladar, tato). Desse modo, Descartes pode eliminar totalmente a teoria escolástica das *espécies*, segundo a qual os corpos enviam para os órgãos dos sentidos pequenas imagens que com eles se parecem (cf. *Mundo*, AT XI, 5; *Dióptr.*, IV; *Med. III*, AT XI, 31; *a Mersenne*, 1º de abril de 1640 etc.); as impressões cerebrais correspondem mecanicamente aos objetos, mas não têm nenhuma semelhança com eles ou apenas (no caso da visão) de maneira bastante grosseira. Os dois sentidos *internos* supõem eles próprios movimentos dos nervos, mas estes não "pintam" nada sobre a pequena glândula: apenas a movem de uma certa maneira determinada. Quando a ação dos objetos sobre os nervos é forte demais ou quando a "máquina do corpo" está deteriorada, sentimos dor. Quando os nervos resistem à tração do objeto e comprovam o bom estado dessa máquina, há prazer ou "excitação".

O *segundo grau* do sentido "contém tudo o que resulta imediatamente na mente, por ela estar unida ao órgão corporal assim movido e disposto por seus objetos, e tais são os sentimentos da dor... da fome, da sede, das cores, dos sons, dos sabores...". É propriamente o momento da união psicofísica, na qual, em virtude do que Descartes chama uma *instituição natural*, movimentos e figuras provocam pensamentos. No caso da luz, a força dos movimentos associa-se ao sentimento de intensidade, ao passo que seu "modo", isto é, a velocidade de rotação dos corpúsculos, provoca o sentimento da cor. Essas sensações podem se decompor em elementos (por exemplo, os sabores) e se combinar entre si como se combinam os movimentos que as provocam.

O *terceiro grau* é aquele em que a alma *julga*, a partir das impressões que recebe, sobre a existência, a situação e as propriedades do objeto. "O fato de que, desse sentimento da cor [...], eu venha a julgar que esse bastão que está fora de mim é colorido, e de que, da extensão dessa cor, de sua terminação e da relação de sua situação com as partes de meu cérebro, eu determine algo a respeito da grandeza, da figura e da distância desse mesmo bastão, embora tenhamos nos acostumado a atribuí-lo ao sentido, e por esse motivo eu o relacionei com um terceiro grau de sentimento, é contudo coisa manifesta que isso depende tão só do entendimento." A *Dióptrica*, em parte na esteira de Kepler, examina detalhadamente a "geometria natural" em operação nesse raciocínio.

Em sentido estrito, o sentido consiste, portanto, apenas no segundo dos graus aqui discriminados. Com efeito, o primeiro grau, puramente corporal, não está absolutamente ligado à existência da alma (é portanto comum ao homem e aos animais), ao passo que o terceiro grau é unicamente intelectual. Mas o conjunto do processo aparece indistinto para a mente, que sente e julga objetos externos ou mesmo disposições do corpo próprio.

*** Da análise cartesiana decorre que sempre estamos errados ao dizer que "nossos sentidos nos enganam". Na verdade, somos sempre *nós* que nos enganamos, por um juízo precipitado sobre o que nossos sentidos nos apresentam. E a mente que se precipita pode quase sempre se corrigir, confrontando as impressões de um sentido com as de outro, fazendo variar sua experiência do objeto ou refletindo sobre a situação física em questão (fim das *Meditações*, AT IX, 71). E correrá bem menos perigo de se enganar se atentar para a verdadeira função dos sentidos, que é nos informar não sobre a verdadeira natureza das coisas externas, mas sobre o que é conveniente ou nocivo para nosso corpo; função que em geral cumprem bastante bem e que seria absurdo e inútil esperar que ela estivesse assegurada sem nenhum tipo de acidente.

Substância, modo, qualidade, atributo

Fr.: *Substance, mode, qualité, attribut*

* "Quando concebemos a *substância*, concebemos somente uma coisa que existe de uma maneira tal que não precisa senão de si própria para existir" (*Princípios* I, 51). Em contrapartida, precisam de outra coisa para existir (a saber, de uma substância a que pertencem) os *modos*, as *qualidades* e o; *atributos*.

O uso dessas três noções, que remetem à mesma realidade, é função do contexto de seu emprego: a substância é *diversificada* ou variada por seus *modos* (ou *maneiras*); se o modo permite denominar a substância, ele é uma *qualidade*; enquanto inerente à substância, ele é um *atributo* (I, 56). O conceito cartesiano de substância comporta equivocidade, na medida em que é aplicado em sentidos diferentes a Deus e às substâncias criadas. Deus, "substância incriada que pensa e que é independente" (I, 54), é o único ser que corresponde com todo rigor à definição fornecida: só precisa de si para existir. Quanto às outras substâncias, todas elas *criadas*, elas não poderiam existir sem o *concurso de Deus*; só que as concebemos sem relação de dependência necessária com outras substâncias criadas (I, 51).

** Ontologicamente falando, cada substância se caracteriza por um *atributo principal*, que constitui sua natureza ou sua essência e ao qual podemos remeter seus outros atributos. E são apenas duas as propriedades que constituem tais atributos: "a extensão em comprimento, largura e profundidade constitui a natureza da substância corporal; e o pensamento constitui a natureza da substância que pensa" (I, 53). Com efeito, "tudo o que, aliás, podemos atribuir ao corpo (figura, movimento...) pressupõe a extensão; igualmente, todas as propriedades que encontramos na coisa que pensa são apenas maneiras diferentes de pensar (*diversi modi cogitandi*)" (*ibid.*). Portanto, é o atributo principal que garante à distinção entre alma e corpo sua dimensão *real*: porque posso conceber o pensamento e seus modos sem nenhuma relação com o corpo, terei motivos justos para afirmar a alma como uma pura coisa que pensa; no mesmo sentido, porque concebo a extensão e seus modos sem nenhuma relação com o pensamento, posso afirmar o corpo como uma simples coisa extensa (cf. *Med. II, V e VI*). Essas noções do pensamento ou da extensão são, com efeito, simples e primitivas (*Princípios* I, 48; *a Elisabeth*, 21 de maio de 1643), e não são extraídas de nenhuma outra por essa *abstração do entendimento* que certamente me tiraria o direito de afirmar essas coisas como coisas *completas* (*IV Resp.*, AT IX, 171, *a Gibieuf*, 19 de janeiro de 1642, AT III, 474).

*** Essa maneira de definir as substâncias faz subsistir o problema de sua individuação. Se cada mente é uma substância, e também cada corpo (esta pedra, este pedaço de cera), qual será o princípio de sua distinção? Aliás, será que se pode conceber uma mente ou um corpo subsistindo sozinho, fora de toda relação com outras substâncias criadas? Como explicar ademais que uma substância tal como a pedra seja uma parte da *substância extensa* em geral? Essas questões, que justificarão em si mesmas os esforços metafísicos de Espinosa ou de Leibniz, não encontram em Descartes respostas marcantes. Pode-se ver nisso o sinal de uma tomada de distância de Descartes em relação às preocupações escolásticas, e também do caráter essencialmente funcional de sua ontologia.

União entre corpo e alma

Fr.: *Union de l'âme et du corps*

* No homem, a alma ou mente, substância cuja "essência ou natureza consiste toda em pensar", está unida a um corpo que se pode assimilar a uma máquina capaz de desempenhar sozinha (em condições dadas) uma certa quantidade de funções. Entre as duas substâncias, intelectual e corporal, a união é bem estreita: assim como muitos movimentos do corpo têm como causa pensamentos ou vontade na alma, também muitas coisas que acontecem com esse corpo dão lugar na alma a sentimentos mais ou menos vivos. Para exprimir o fato de que a alma, salvo num certo número de situações, age e padece com o corpo a ponto de formar com ele "um só todo" (*Med. VI*, AT IX, 64), Descartes fala de uma união que não é *acidental*, mas *substancial* (*IV Resp.*, AT IX, 177).

** Não se deve imaginar a alma humana como realmente estendida através do corpo, de forma que uma parte sua estaria alojada na mão, outra, no braço etc. De natureza incorporal e inextensa, só pode estar unida ao corpo *como tal*, ou seja, ao conjunto da máquina (*Paixões*, art. 30); e só é levada a se ausentar do corpo quando essa máquina, como um relógio, "quebra" (*ibid.*, art. 5). Isso não quer dizer que não haja um lugar ou uma parte do corpo em que a alma humana exerce mais particularmente suas funções. Esse lugar é o cérebro e, mais particularmente, a pequena glândula dita pineal (o *conarium* ou epífise), que, segundo Descartes, está suspensa no meio do cérebro e acima de suas "concavidades" (os ventrículos). Representada pelo *Tratado do homem* como uma fonte de onde os "espíritos animais" ("as partes mais sutis do sangue") escorrem para o cérebro e dali vão encontrar os nervos, essa glândula é sensível ao menor movimento dos "pequenos filetes" dos nervos; sobre ela é que as imagens dos objetos que agem sobre os órgãos dos sentidos se pintam; conforme ela penda para um lado ou para outro, os espíritos animais afluem nos nervos destes ou daqueles músculos para provocar este ou aquele movimento; são os movimentos dessa glândula, causados pelos espíritos animais, que provocam na alma suas paixões; mas é também nessa glândula que a alma pode imprimir diversos movimentos e diversas "impressões", por certo não "diretamente" (por uma vontade expressa), mas conforme seu pensamento se volte para esta ou aquela coisa, ou sua vontade para esta ou aquela ação. A correspondência ou consecução imediata e infalível entre certos pensamentos e certos movimentos no cérebro é dita "instituída pela natureza": essa instituição é comparável àquela que associa, numa linguagem, tal som ou tal signo a tal sentido. Algumas outras associações, devidas ao hábito, podem, aliás, ser modificadas por uma ação apropriada (*Paixões*, art. 50).

** A dificuldade de conceber essa "estreita união" e essa interação entre substâncias tão diferentes será ressaltada notadamente por Espinosa (cf. *Ética* V, Prefácio) e incitará este último, como também Malebranche ou Leibniz, a propor hipóteses metafísicas alternativas. A mesma dificuldade não pôde escapar dos primeiros leitores de Descartes, notadamente Gassendi e a princesa Elisabeth. Ela é reconhecida pelo próprio Descartes nas suas respostas à princesa: não podemos "conceber bem distintamente, e ao mesmo tempo, a distinção entre a alma e o corpo e sua união" (*a Elisabeth*, 28 de junho de 1643). Mas a união atual de nossa alma com nosso corpo é um fato irrecusável e o sentimento íntimo que disso temos é coisa cuja especificidade e cuja legitimidade toda investigação metafísica séria deve acabar por reconhecer (*Med. VI*, AT IX, 59 ss.). Esse sentimento não se deixa reduzir a nenhuma outra forma de conhecimento: dessa união temos uma experiência totalmente particular e, pode-se dizer, uma *noção primitiva* que não nos é dada nem apenas com a da alma nem apenas com a do corpo. Contudo, o enigma que subsiste nessa união não ameaça a evidência da "distinção real": apenas marca os limites de nosso conhecimento de nosso próprio ser.

Verdade
Lat.: *Veritas* – Fr.: *Vérité*

* Temos da verdade "uma noção tão transcendentalmente clara que é impossível ignorá-la: não disporíamos [de meio] para apreender o que a verdade é se não a conhecêssemos de natureza". Logo, a verdade faz parte, com a figura, a grandeza, o movimento, o lugar, o tempo etc., dessas coisas que são tão simples e tão naturalmente conhecidas que, "quando queremos [as] definir, nós as obscurecemos e nos confundimos" (*a Mersenne*, 16 de outubro de 1639).

** No único desenvolvimento que ele parece ter dedicado a essa questão, Descartes aceita fornecer da verdade uma definição *de nome*: "para aqueles que não entendem a língua", pode-se dizer que "a palavra *verdade*, na sua própria significação, denota a conformidade do pensamento com o objeto, mas que, quando a atribuímos às coisas que estão fora do pensamento, ela significa somente que essas coisas podem servir de objetos para pensamentos verdadeiros, seja para os nossos, seja para os de Deus"; mas, agrega ele, "não se pode dar nenhuma definição de lógica que ajude a conhecer sua natureza" (*ibid.*). Esse texto surpreende sob vários aspectos. A definição escolástica da verdade como "adequação da coisa e do entendimento" vê-se praticamente esvaziada de seu alcance, em proveito de uma outra definição que Descartes propõe indiretamente, graças a um desvio pelas "coisas": o que faz que um pensamento seja verdadeiro é unicamente que seja *um verdadeiro pensamento*, dotado do máximo de precisão e de solidez de que um pensamento possa se revestir. Mas essa solidez supõe que a mente tenha levado em conta tudo o que deve ser levado em conta; e "a verdade sendo indivisível, a menor coisa que dela se tire ou a ela se acrescente a falsifica" (*a Mersenne*, março de 1642, AT III, 544).

Verdades eternas
Fr.: *Vérités éternelles*

* Desde suas primeiras cartas sobre a metafísica, Descartes escreve ao Pe. Mersenne: "As verdades matemáticas, que o senhor chama eternas, foram estabelecidas por Deus e dele dependem inteiramente, bem como todo o resto das criaturas" (15 de abril de 1630). A igualdade: 3 + 1 = 4, ou a dos raios do círculo, são verdadeiras tão somente na medida em que Deus o quis; pois ele nada *viu* antes de querer e de criar: "é em Deus uma mesma coisa querer, entender e criar, sem que um preceda o outro, *ne quidem ratione* (*i.e.*: nem mesmo por uma distinção de razão)" (27 de maio de 1630). Por isso, ele é "não só a causa do que existe e do que existirá, mas também a causa dos possíveis e das naturezas simples" (*Conv. Burm.*, AT V, 160).

** Primeira expressão, em data, das meditações metafísicas de Descartes, a doutrina dita da "livre criação das verdades eternas" impressiona por sua extrema audácia. Embora "jamais se deva dizer de coisa nenhuma que ela é impossível para Deus" (*a Arnauld*, 29 de julho de 1648, pt 6), deve-se confessar que Deus poderia, caso assim quisesse, fazer que fosse verdade o que julgamos o mais impossível; e que, por exemplo, ele foi livre "para fazer que não fosse verdade que os três ângulos de um triângulo fossem iguais a dois retos ou, geralmente, que as contraditórias não pudessem estar juntas" (*a Mesland*, 2 de maio de 1644). Sem dúvida em razão de suas dificuldades próprias, essa doutrina que se encontra nas *Respostas às Objeções* (cf. *V Resp.*, V, I; *VI Resp.*, pts 6 e 8) e em algumas fórmulas dos *Princípios* (I, 22-24) não figura explicitamente nas *Meditações*. A despeito dessa relativa discrição, trata-se de uma doutrina metafísica de primeira importância e organicamente ligada à concepção cartesiana da natureza divina, da criação e da ciência. De fato, para que estejamos certos de não nos enganar no que concebemos clara e distintamente, é preciso que o próprio Deus seja o autor e a "fonte de toda verdade"; se ele não fosse o autor, estaria, como os deuses antigos, submetido "ao Estige e aos destinos" (*a Mersenne*, 15 de abril de 1630). Como Deus poderia ter tornado possíveis essas mesmas coisas que "ele quis tornar impossíveis", é certo que não podemos concebê-lo de nenhuma forma; mas "não devemos tentar compreendê-lo" (*a Mesland*, 2 de maio de 1644); e, de modo geral, há muitas perguntas relativas à operação divina que devemos renunciar a fazer, pois elas ultrapassam em todos os aspectos nossa capacidade de conhecer.

Virtude Ver *Generosidade*
Lat.: *Virtus* – Fr.: *Vertu*

Vontade
Fr.: *Volonté*

* Segunda das duas principais potências da alma (junto com o entendimento), a vontade define-se em primeiro lugar como *potência de eleger* (em suma, de escolher) e, em segundo lugar, como capacidade de prosseguir ou executar o que se escolheu. Eleger uma coisa é dar seu *assentimento* à representação dessa coisa como sendo a melhor que se possa escolher: por isso é que a vontade, faculdade de eleger, é também faculdade de julgar. Essa vontade, como insistiu santo Agostinho, é livre por essência: "não existe ninguém que, olhando apenas para si mesmo, não sinta e não experimente que a vontade e a liberdade são uma mesma coisa, ou melhor, que não há diferença entre o que é voluntário e o que é livre" (*III Resp.*, XII). De fato, a *Quarta meditação* reúne numa mesma definição a vontade e o livre-arbítrio (*voluntas, sive arbitrii libertas*...): "ela consiste apenas em que podemos fazer uma coisa ou não fazê-la, ou melhor, apenas em que para afirmar ou negar, perseguir as coisas que o entendimento nos propõe ou delas fugir, agimos de tal modo que não sentimos que nenhuma força exterior a isso nos obrigue" (AT IX, 46).

** A liberdade da vontade implica, como querem os teólogos jesuítas, uma espécie de *indiferença*? Descartes insiste nisto por toda parte: para sermos livres, não é necessário que sejamos indiferentes a escolher entre um ou outro de dois contrários (*Med*. IV, AT IX, 46). Essa indiferença significa apenas uma falha de conhecimento; deveria nos impedir de fazer qualquer escolha e "não é da essência da liberdade humana" (*VI Resp.*, VI) – liberdade da qual constituirá apenas "o mais baixo grau" (*Med*. IV, *ibid*.). Mas, se entendermos por indiferença "a faculdade positiva de se decidir por um ou outro de dois contrários", é de fato preciso (*a Mesland*, 9 de fevereiro de 1645) atribuí-la à vontade, que é "tão livre por sua natureza que nunca pode ser forçada" (*Paixões*, art. 41). Com relação a isso, uma coisa é que "a maior clareza no entendimento" sirva incontestavelmente de princípio para a determinação da vontade, outra coisa é que ela *determine* diretamente essa mesma vontade. A vontade cartesiana não pode ser determinada a nada, nem mesmo pela mais forte paixão: pode apenas ser *incitada* ou *disposta* a se determinar desta ou daquela maneira. É esse tipo de independência metafísica da vontade, sempre livre para dar ou não seu consentimento, que Descartes sublinha depois das *Meditações*, atribuindo-lhe, de modo constitutivo, uma certa espécie de "indiferença" (cf. também *Princípios* I, 41; *a Mesland*, 2 de maio de 1644; *a Elisabeth*, 3 de novembro de 1645).

*** À diferença do entendimento, nossa vontade aparece nas *Meditações* "tão extensa que não está encerrada dentro de quaisquer limites" (*Med. IV*, AT IX, 45); por isso é que ela "pode em certo sentido parecer infinita" (*Princípios* I, 35) e faz com que tragamos conosco, mais que todas as nossas outras faculdades, "a imagem e a semelhança de Deus" (*Med. IV*, *loc. cit.*). Essa infinidade da vontade, que Descartes evoca com precaução, pode ser entendida de duas maneiras: extensiva ("não percebemos nada que possa ser objeto de qualquer outra vontade, mesmo dessa imensa que está em Deus, a que a nossa também não possa se estender": *Princípios, ibid.*) ou intensiva (nosso querer é uma espécie de ato absoluto que depende apenas de nós, que "consiste somente numa única coisa" e do qual "nada poderíamos tirar sem [o] destruir": *Med. IV*, AT IX, 48). O primeiro aspecto cria uma dificuldade notadamente porque se pode negar (como fez Gassendi antes de Espinosa: *V Obj.*, IV, III) que a vontade possa se estender a algo que não percebemos de forma nenhuma. De fato, o segundo aspecto, intensivo, da infinidade da vontade é o mais autenticamente cartesiano (cf. *Conv. Burm.*, AT V, 159): é apenas uma outra maneira de exprimir a independência metafísica desse livre-arbítrio que "nos torna de certa forma semelhantes a Deus e parece nos isentar de lhe ser sujeitos" (*a Cristina da Suécia*, 20 de novembro de 1647). Como quer que seja, a infinidade de nossa vontade não é nada em que devamos nos comprazer: nosso dever é, antes, contê-la nos limites de um verdadeiro conhecimento do bem.

BIBLIOGRAFIA

Obras de Descartes

Œuvres, ed. Adam-Tannery, nova edição, Vrin-CNRS, 11 vols.
Œuvres philosophiques, ed. de F. Alquié, Paris, Classiques Garnier, 3 vols.
Entretien avec Burman, ed. de J.-M. Beyssade, PUF, 1981.
Uma nova edição das *Œuvres* de Descartes na Bibliothèque de la Pléiade está sendo preparada sob a direção de J.-M. Beyssade (substituindo a antiga edição de A. Bridoux, sumária e incompleta)

Estudos

ALQUIÉ, Ferdinand, *La découverte métaphysique de l'homme chez Descartes*, Paris, PUF, 1950.
BEYSSADE, Jean-Marie, *La philosophie première de Descartes*, Paris, Flammarion, 1979; *Descartes au fil de l'ordre*, Paris, PUF, 2001; *L'histoire d'un esprit, Études sur Descartes*, Paris, Le Seuil, 2001.
BUZON, Frédéric de e CARRAUD, Vincent, *Descartes et les Principia II – Corps et mouvement*, Paris, PUF, 1994.
COTTINGHAM, John (org.), *The Cambridge Companion to Descartes*, Cambridge, 1992.
FICHANT, Michel, *Science et métaphysique dans Descartes et Leibniz*, Paris, PUF, 1998.
GILSON, Étienne, *Études sur le rôle de la pensée médiévale dans la formation du système cartésien*, Paris, Vrin, 1951; *Index scolastico-cartésien*, Paris, 1979.
GOUHIER, Henri, *Les premières pensées de Descartes*, Paris, Vrin, 1958; *La pensée métaphysique de Descartes,* Paris, Vrin, 1969; *La pensée religieuse de Descartes*, Paris, Vrin, 1972.

GUENANCIA, Pierre, *Descartes et l'ordre politique*, Paris, PUF, 1983; *L'intelligence du sensible*, Paris, Gallimard, 1998; *Lire Descartes*, Paris, Gallimard, 2000.

GUEROULT, Martial, *Descartes selon l'ordre des raisons*, Paris, Aubier, 1953, 2 vols.

KAMBOUCHNER, Denis, *L'homme des passions. Commentaires sur Descartes*, Paris, Albin Michel, 1995, 2 vols.

LAPORTE, Jean, *Le rationalisme de Descartes*, Paris, PUF, 1945.

MARION, Jean-Luc, *Sur la théologie blanche de Descartes*, Paris, PUF, 1981; *Sur le prisme métaphysique de Descartes*, Paris, PUF, 1986; *Questions cartésiennes, Méthode et métaphysique*, Paris, PUF, 1991; *Questions cartésiennes II*, Paris, PUF, 1996.

RODIS-LEWIS, Geneviève, *L'oeuvre de Descartes*, Paris, Vrin, 1971, 2 vols.; *L'anthropologie cartésienne*, Paris, PUF, 1990; *La morale de Descartes*, Paris, PUF, 1970; *Descartes, biographie*, Paris, Calmann-Lévy, 1995.

LISTA DOS TERMOS EM PORTUGUÊS

Alma e mente	9
Animal	10
Atributo	76
Bom senso	12
Causas e efeitos	12
Certeza e evidência	14
Ciência	16
Círculo	17
Clareza e distinção	17
Cogito ("Penso")	19
Corpo	22
Deus (natureza de -)	23
Deus (provas de -)	23
Distinções	26
Dúvida	27
Entendimento	29
Erro	30
Escola (Filosofia da -)	31
Experiência	32
Extensão	33
Fé	35
Filosofia	36
Física	37
Generosidade	39
Homem	41
Ideia	42
Imaginação	45

87

Infinito 46
Intuição e dedução 48
Juízo 49
Livre-arbítrio 50
Luz 50
Luz natural 51
Matemática 51
Medicina 54
Metafísica 55
Método e ordem 57
Modo 76
Moral 59
Movimento 60
Mundo 62
Natureza 64
Natureza (instituição da -) 65
Naturezas simples 65
Noções primitivas 66
Paixões 66
Pensamento 68
Percepção 69
Preconceito 69
Qualidade 76
Razão 71
Sabedoria 72
Sentido (sensação, sentimento) 74
Substância 76
União entre corpo e alma 78
Verdade 80
Verdades eternas 81
Virtude 82
Vontade 82

LISTA DOS TERMOS EM LATIM

Affectus	66
Anima	9
Bona mens	12
Cogitatio	68
Cogito	19
Deductio	48
Ethica	59
Extensio	33
Fides	35
Idea	42
Infinitum	46
Intellectus	29
Intuitus	48
Judicium	49
Lumen	50
Lux	50
Mathematica	51
Mathesis	51
Mens	9
Metaphysica	55
Natura	64
Naturae simplices	65
Passiones	66
Philosophia	36
Praejudicium	69
Ratio	71
Sapientia	72

Sensatio 74
Sensus 74
Veritas 80
Virtus 82

LISTA DOS TERMOS EM FRANCÊS

Âme	9
Animal	10
Attribut	76
Bon sens	12
Causes et effets	12
Cercle	17
Certitude et évidence	14
Clarté et distinction	17
Corps	22
Dieu (nature de -)	23
Dieu (preuves de-)	23
Distinctions	26
Doute	27
École (Philosophie l'-)	31
Entendement	29
Erreur	30
Esprit	9
Étendue	33
Expérience	32
Foi	35
Générosité	39
Homme	41
Idée	42
Imagination	45
Infini	46
Intuition et déduction	48
"Je pense"	19

Jugement	49
Libre arbitre	50
Lumière	50
Lumière naturelle	51
Mathématiques	51
Médecine	54
Métaphysique	55
Méthode et ordre	57
Mode	76
Monde	62
Morale	59
Mouvement	60
Nature	64
Nature (institution de la-)	65
Natures simples	65
Notions primitives	66
Passions	66
Pensée	68
Perception	69
Philosophie	36
Physique	37
Préjugé	69
Qualité	76
Raison	71
Sagesse	72
Science	16
Sens	74
Sensation	74
Sentiment	74
Substance	76
Union de l'âme et du corps	78
Vérité	80
Vérités eternelles	81
Vertu	82
Volonté	82

Impressão e acabamento
Imprensa da Fé